盾构穿越已运营隧道
变形研究及控制

吴勇　丁智　张申　著

中国建筑工业出版社

图书在版编目（CIP）数据

盾构穿越已运营隧道变形研究及控制 / 吴勇，丁智，张申著. —北京：中国建筑工业出版社，2024.7.

ISBN 978-7-112-29971-3

Ⅰ．U231.3

中国国家版本馆 CIP 数据核字第 2024YU7523 号

本书在总结盾构穿越既有地铁隧道工程特点及变形规律的基础上，聚焦近些年不断增多的盾构穿越既有隧道工程，采用理论研究、数值模拟与实测分析等手段，研究盾构穿越既有地铁纵向、横向变形及内力影响规律及影响因素，为盾构穿越既有地铁工程的设计与施工提供参考。全书共 6 章包括：绪论；盾构穿越既有隧道机理分析；盾构下穿既有隧道变形影响效应分析；盾构上跨穿越既有隧道变形影响效应分析；穿越工程施工变形控制技术；安全监测及信息化系统研发。

本书可供城市轨道交通专业的施工和管理人员阅读使用。

责任编辑：沈文帅　张伯熙
责任校对：赵　力

盾构穿越已运营隧道变形研究及控制

吴勇　丁智　张申　著

*

中国建筑工业出版社出版、发行（北京海淀三里河路 9 号）

各地新华书店、建筑书店经销

北京科地亚盟排版公司制版

北京君升印刷有限公司印刷

*

开本：787 毫米×960 毫米　1/16　印张：12¾　字数：257 千字

2024 年 8 月第一版　　2024 年 8 月第一次印刷

定价：**75.00** 元

ISBN 978-7-112-29971-3

（42810）

前　　言

在如今这个日新月异、蓬勃发展的时代，城市建设正如火如荼地进行着，地下空间的开发利用已成为推动城市现代化进程的关键力量。其中，盾构施工技术凭借其高效性、安全性以及对复杂环境的良好适应性等显著优势，在众多地下工程项目中担当起了极为重要的角色，被广泛应用且发挥着不可替代的作用。

然而，当面临盾构需要穿越正常运营状态的隧道时，无疑给工程带来了巨大的挑战与潜在风险。那些已经投入运营的隧道，作为城市交通网络中极为关键的组成部分，宛如城市的生命线一般，其结构的稳定性和安全性必须得到绝对的保障。在盾构穿越的过程中，不可避免地会对周边的土体造成不同程度的扰动与影响，而这种影响往往会引发已运营隧道出现变形现象。这种变形一旦突破了合理的界限，所带来的后果将不堪设想，不仅会严重干扰隧道的正常使用功能，如通行顺畅性、设施完整性等，更有可能直接威胁运营安全，引发诸如结构损坏、渗水甚至坍塌等一系列灾难性的后果，进而对城市的正常运转和居民的生活造成极大的负面影响。

正因为如此，全面、深入、细致且系统地开展盾构穿越已运营隧道变形研究，其紧迫性和必要性变得极为突出。通过深入而全面的研究，我们能够更加精确地掌握盾构施工与已运营隧道变形之间的内在联系和相互作用机制，清晰地梳理出对变形产生关键影响的各种因素，从而为构建科学、合理、完善且切实可行的控制措施提供坚实而稳固的理论基础。

本书从各个角度和层面深入剖析盾构穿越已运营隧道变形。还将紧密结合实际的工程案例，从现实的角度出发，深入探寻有效的控制策略和先进的技术手段，力求在盾构穿越的整个过程中，实现对已运营隧道变形的精准把控和有效约束。本书共6章，主要包括：绪论、盾构穿越既有隧道机理分析、盾构下穿既有隧道变形影响效应分析、盾构上跨穿越既有隧道变形影响效应分析、穿越工程施工变形控制技术及安全监测及信息化系统研发。我们衷心地期待，通过本次全面而深入的研究，能够为未来的类似工程实践提供极具价值的参考指南和有力的指导方向，为地下工程建设的持续进步和发展注入新的活力与动力，为城市基础设施的安全稳定运行提供坚实可靠的保障，从而助力城市在现代化发展的道路上稳步前行，迈向更加美好的未来。

感谢浙大城市学院丁智教授等人在本书撰写过程中的辛勤劳动。同时对配合本研究的相关工程技术人员和合作单位，在此一并表示衷心的感谢。

由于作者水平、能力及可获得的资料有限，书中难免存在不妥之处，敬请各位专家、同行和读者批评指正。

目　录

第1章 绪 论

1.1 引言

近年来，随着我国城市化水平的不断提高，城市规模发展与人口密集、交通堵塞、环境污染严重之间的矛盾日益突出，地铁作为一种高运量、低能耗、乘坐舒适的交通方式已经成为解决大城市公共交通运输问题的关键。盾构法因其对周围环境影响小、机械化程度高等优势在城市中心区的隧道建设中被广泛使用。不断修建的地铁在城市地下空间中形成网络，这缓解了城市交通问题，改善城市环境，但同时也压缩了地下空间，为盾构隧道的建设带来挑战。

据统计，截至 2022 年 7 月 20 日，杭州都市圈已开通轨道交通里程 546.02km，共设车站 293 座，换乘车站 38 座，新建城市盾构隧道施工不可避免要穿越邻近既有地铁隧道。据了解，杭州地区盾构隧道穿越地铁隧道工程（已运营、在建和规划）七十余项，其中上穿工程占 35%，下穿工程占 39%，并行穿越工程占 26%。如：杭州地铁 2 号线中河路站～凤起路站与运营地铁 1 号线近距离立体交叉，地铁 1 号线上行线隧道沉降变化较缓慢，累计变化－2.8mm，下行线在工后有缓慢下沉趋势，累计变化－5.5mm，隧道水平位移无显著变化趋势。杭州地铁 4 号线盾构以非常小的竖直净距下穿正在运营地铁 1 号线上行线，到达终点后调头回穿，再次穿越地铁 1 号线上行线。地铁 4 号线盾构穿越后，地铁 1 号线上行线隧道施工中最大隆起为 5.1mm，最大沉降为－2.2mm，最大水平位移为 14.4mm，基本发生在平行段。杭州文一路地下通道下穿越地铁 2 号线工程，施工中引起既有地铁 2 号线上行线隧道变形量约 14mm，下行线隧道变形约 12mm。上海外滩通道大直径泥水盾构上穿引起既有地铁 2 号线隧道累计隆起 10.5mm。北京地铁某区间受盾构下穿影响，隧道累计沉降 23mm，径向错台量为 14mm，新增裂缝 18 条，出现 27 处渗水。穿越施工极易引起既有地铁隧道变形过大，造成轨道脱开、管片开裂、接缝漏水等结构损伤，影响地铁运营舒适与安全。杭州地铁工程穿越既有线部分节点统计如表 1.1-1 所示。

杭州地铁工程穿越既有线部分节点统计 　　　　　　表 1.1-1

序号	线路名称	区间	穿越关系	既有线	既有区间隧道	隧道	备注
1	1 号线三期南阳停车场	出入段线	上跨	1 号线	南阳大道站～向阳路站区间	1	已穿越

序号	线路名称	区间	穿越关系	既有线	既有区间隧道	隧道	备注
2	3号线	文一路站～绿汀路站区间右线	上穿	杭临线	凤新路站～绿汀路站区间	1	已穿越
3	3号线支线	访溪路站～百家园站区间	上跨	3号线	留下站～百家园站区间	1	仅左线穿越
4	4号线	东新路站～长浜廊路站区间	上跨	3号线	沈半路站～东新东路区间	2	还未穿越
5	5号线	绿汀路站～金星路站区间右线	上跨	3号线	文一西路站～绿汀路站	1	已穿越
6	5号线	绿汀路站～金星路站区间右线	上跨	杭临线	绿汀路站～凤新路站区间	1	已穿越
7	6号线	中医药站～伟业路站区间	下穿	4号线	中医药大学站～联庄站区间	2	已穿越
8	7号线	江城路站～城站站区间	上跨	1号线	婺江路站～城站站区间	2	仅右线穿越
9	7号线	四季青站～市民中心站区间	左线下穿	9号线	中央公园站～四季青站区间明挖段	1	已穿越
10			下穿	4号线	市民中心站车站结构	2	仅左线穿越
11	7号线盈中车辆段	出入段线盾构段双线	上跨	7号线	合欢路站～盈中站区间	2	已穿越
12	7号线	合欢路站～盈中站区间正线	下穿	7号线	车辆段明挖段	2	已穿越
13		建设三路站～耕文路站区间	下穿	2号线	建设三路站～振宁路站区间	2	已穿越

　　盾构与既有地铁隧道之间的相互作用机制较为复杂，受到地层条件、隧道结构特性、盾构与隧道相对空间位置、盾构机直径与种类、盾构施工参数与全过程等因素影响。此外，为了保护既有地铁的运营安全，各种施工控制防护技术如结合参数分析的信息化施工控制、MJS（Metro Jet System）工法、注浆加固法、既有隧道内张钢环加固法以及纤维材料加固法等得到了广泛应用。

　　本书在国内地铁建设网络化、盾构断面复杂化的发展趋势下，针对盾构穿越对既有地铁隧道不同工况，建立相应的理论和数值模型，辅以实际案例分析，研究既有隧道纵向及横向变形与内力变化规律，分析影响因素，提出盾构穿越对既有地铁隧道防控措施，为盾构穿越既有地铁隧道的安全防护提供理论支持。

1.2　研究现状

1.2.1　不同穿越形式研究现状

（1）盾构下穿既有隧道研究现状

李围，何川以南京地铁 1 号线下穿玄武湖公路隧道为例，建立了盾构掘进三维有限元模型，采用数值模拟和室内相似模型试验法，针对不同盾构推进力和同步注浆未及时起到支撑作用的施工工况，进行了盾构隧道近接下穿地下大型结构的研究。研究表明：盾构施工对周边土体的扰动有限，隧道整体漂移现象不会出现。由于抗拔桩的支撑作用，使地下结构底板的拉、压应力交替出现，减小了应力量值。研究建议在接近地下结构前 10m 时，通过调整盾构机的姿态，控制推进力在 10000kN 以内，放慢掘进速度等措施确保施工的安全进行。

高峰等以北京地铁 10 号线一期（含）奥运支线工程垂直下穿地铁 1 号线工程为研究对象，通过三维弹塑性有限元程序软件 ANSYS 模拟盾构施工中不同推进力及是否进行地层预加固对既有隧道衬砌的影响。研究得出：盾构推进力是影响既有隧道衬砌应力和变形的主要因素。

章慧健等以深圳地铁 3 号线老街站～晒布路站区间的重叠隧道工程为背景，考虑近距离重叠隧道盾构施工的纵向效应，采用三维有限元数值计算和室内离心模型试验相结合的方法，对上部后开挖隧道施工引起的下方已建隧道纵向变位进行了研究。

何川等针对盾构隧道的结构特点，以广州地铁 3 号线大塘区间盾构隧道工程为依托，对盾构隧道重叠下穿施工引起的已建隧道的纵向附加轴力和弯矩、纵向变位、横向附加轴力和弯矩以及横向变形进行了研究。

尹波涛依托清华园隧道下穿既有地铁区间隧道为工程背景，采用现场试验、工程类比、现场监测等多种研究手段，比选出了最优掘进参数，并提出了相应施工控制措施，得出了一些有意义的结论。

范文昊等为探究不同近接程度下新建隧道下穿施工对既有隧道结构造成的附加变形影响。以成都地铁 30 号线下穿既有成自高铁锦绣隧道为依托工程，采用理论研究的方法提出近接影响度表达式，并通过结构位移判别准则确定分区控制标准。采用数值模拟、回归分析的方法，建立下穿施工近接影响分区，并对不同影响分区提出针对性的控制措施。

王磊等针对西安地铁 15 号线某盾构区间隧道近接正交下穿既有地铁 2 号线区间隧道施工过程中的重难点问题，采用三维非线性有限元分析方法研究四线叠交的复杂工况，考虑盾构不同注浆压力和土仓压力作用下新建隧道的施工对既有隧道变形影响及地表响应规律，对叠交段采取的袖阀管预注浆加固效果进行验证。

王金峰以某市地铁 7 号线某盾构区间近距离下穿既有地铁 2 号线隧道为背景，根据盾构区间隧道结构特点、下穿隧道地质条件以及与下穿隧道的位置关系等因素，同时结合盾构机性能，通过加强控制盾构掘进参数、渣土改良、出土量控制、盾构纠偏、同步注浆、二次注浆及改善盾尾刷密封性能等措施保证盾构机安全连续通过。

（2）盾构上跨既有隧道研究现状

Liang 等将新建隧道简化为连续 Euler-Bernoulli 梁，考虑土体基床系数变化，建立了盾构上跨既有隧道地基模型，采用 Winkler 基础模型计算既有隧道纵向变形，将计算结果与三个详细记录的案例对比分析。结果表明，预测与观测结果之间存在合理的一致性。

魏纲等基于剪切错台模型，研究了盾构上、下穿既有线对既有隧道的影响，将盾构机刀盘附加推力、盾构机与地层摩擦力、注浆压力等因素考虑，建立既有隧道纵向变形微分方程，不同管片之间错台量求解方程，环间剪力求解方程。

许有俊等基于 Maple 软件，推导出盾构上跨引起既有隧道所受附加应力解析解，并将理论分析结果与监测数据对比，结果表明：盾构隧道拱底附加应力系数随卸荷面积增大而增大，附加应力系数随夹层土厚度增大而减小。

张晓清等为研究双线盾构垂直上跨、下穿与上下夹穿对既有隧道隆沉的影响情况，进行常重力模型试验。试验结果表明：由于双线盾构穿越叠加作用，上、下穿引起既有隧道纵向隆沉曲线偏离对称面。双线盾构垂直上跨和先下后上跨穿越施工方法对既有隧道隆沉控制更有利。

黄德中等为研究大直径盾构垂直上跨引起既有隧道沉降规律，开展离心机试验，模型箱尺寸为 $800\text{mm} \times 500\text{mm} \times 500\text{mm}$。试验结果表明：盾构上穿开挖卸荷导致既有隧道隆起，适当注浆可抑制该隆起。盾构穿越会造成既有隧道朝推进方向产生扭转。新建隧道工后沉降量大于既有隧道工后沉降量。

廖少明等结合上海地铁某实际工程，建立数值模型，模拟了先下后上与先上后下的两种不同穿越方式，研究结果表明：近距离夹穿时，地层位移场变化较为复杂。先下后上相比先上后下，对既有隧道变形与地表沉降控制更有利。

张孟喜等以佛莞城际盾构隧道工程为依托，建立三维动态数值模型，研究全风化花岗岩地层中盾构上跨对既有隧道的影响，并模拟了盾构掘进不同注浆压力情况下，既有隧道受力与变形规律。研究结果表明：全风化岩层盾构上跨对既有隧道影响存在"滞后效应"，且既有隧道变形符合正态分布。

（3）其他穿越形式研究现状

黄俊等（2007）通过对深圳某地铁 1 期工程浅埋暗挖法施工重叠隧道的现场

调研，并结合施工中的试验、监测成果，对重叠隧道上覆地层（地表、地中）的水平、竖向变形及隧道结构变形进行了综合分析。

Yamaguchi 等（1998）通过对现场实测数据分析及二维有限元数值模拟的方法，从多个角度分析了日本京都的四条近距离盾构隧道施工的相互影响及与周围地层的共同作用效应，讨论了新建隧道对已有隧道的刺入效应，分析了不同工况条件下隧道结构的内力、地表位移及土中应力等变化。

Kim 等（1998）通过黏土层中的缩尺 1g 模型试验，研究了盾构隧道施工对已有隧道结构衬砌的影响，分别考虑了两隧道相互平行和垂直两种情况，在研究中考虑了隧道间距和排列方式、衬砌刚度、土的超固结比对近距离穿越隧道的短期相互作用的影响。

陈先国，高波（2003）对深圳地铁 1 期工程中的 3 种典型重叠断面按照不同的断面布局、不同的开挖和支护方式进行了非线性分析。分析表明：重叠隧道的解与单孔隧道、平行双孔隧道的解均不相同。

张海波等（2005）以上海市轨道交通明珠线二期工程浦东南路站至南浦大桥站区间近距离叠交隧道盾构施工为背景，采用三维非线性有限元模拟近距离交叠情况下新建隧道盾构施工引起既有隧道衬砌的应力及变形，研究了隧道覆土厚度、土层性质、隧道间相对位置及相对距离等因素对交叠隧道的影响。结果表明，隧道间的相对位置、相对距离对隧道间相互作用的影响非常大。

Ng 等（2013）采用三维离心机模型试验以及有限元反分析方法，研究了砂土地层中新隧道开挖推进过程中上部已有垂直交叉隧道的应力传递机理，分析表明：上部已有隧道由于下部隧道开挖引起的最大沉降观测值约为隧道直径的 0.3%。

Ng 等（2015）采用三维离心机模型试验以及有限元反分析方法，研究了砂土地层中隧道间距与隧道直径比（P/D）对两垂直交叠隧道相互作用的影响以及盾构施工对于既有隧道的影响。通过研究发现：在 $P/D = 0.5$ 以及 $P/D = 2.0$ 两种条件下，上部已有隧道由于下部隧道开挖引起的最大沉降观测值，前者比后者大 50%。

1.2.2　盾构穿越对既有地铁隧道的控制防护技术

由于既有地铁隧道的重要性，再加上长时间运营隧道本身可能存在的损伤，盾构穿越时，必须采取必要的控制防护技术，保证既有地铁运营安全。针对穿越工程中盾构（扰动源）、土体（传播介质）和既有隧道（影响对象）三个对象，许多学者与单位展开了相关研究，为工程实践提供了理论支撑和技术指导，建立了一系列的防护技术。

（1）盾构施工控制

盾构机是穿越施工中的"扰动源"，只有把穿越扰动影响降低到工程变形控制标准要求的限度内，才能保证盾构穿越既有隧道施工安全。在盾构穿越过程中应主动介入控制，将盾构施工对周围地层的扰动控制到最小。要实现这一目标，就必须对盾构各项施工参数，如盾构的土仓压力、千斤顶推力、推进速度、刀盘扭矩等，进行优化分析，同时实施盾构隧道穿越施工综合配套技术，做好同步注浆、盾构机姿态控制、管片拼装等系列工作。

廖少明等（2005）认为盾构在接近既有隧道过程中开挖面所受的土压力需合理降低以适应土体应力场变化。

李磊等（2014）结合现场监测，得出盾构穿越时适当增大土仓压力使既有隧道略微隆起，将有利于盾构穿越后对既有隧道沉降控制的结论。

盾构施工速度常常与土仓压力、注浆量等相关联，影响地层的稳定性。白廷辉等（2016）研究了软土地区盾构施工速度与地层扰动范围的相关性。林存刚等（2012）认为在维持施工速度稳定的前提下，适当提高施工速度可以降低地面沉降。张琼方等（2016）在一例盾构穿越工程中观察到了相同情况。但应注意，过快的施工速度导致土仓压力等参数调整不及时、注浆欠饱满等问题，而过慢则导致盾构机长时间处于既有隧道附近，压重及扰动影响大，并引起土体固结沉降。施工速度应根据具体地质条件确定，且在穿越工程中维持稳定（Liao等，2009；金大龙，2018b）。此外，同步注浆、刀盘扭矩、泥水盾构的泥水特性等施工参数在盾构穿越时均应得到合理设定（蒋洪进，2009；魏新江等，2018）。

盾构穿越对既有隧道的影响并非是瞬时的、单次的，而是动态、持续、累次的。施工中将结构安全控制指标值多级细分，并利用信息化技术优化调整盾构施工参数。

杨广武（2010）结合具体穿越工程案例，根据穿越引起既有地铁变形的特征，采用"分区、分步、分级"的原则确定了穿越工程全过程变形控制体系与标准。

金大龙（2018b）针对盾构多次穿越引起既有隧道变形累积的特点，提出了一种将最终变形控制标准分解到各次穿越过程中的变形分配控制法。

白廷辉等（2000）结合穿越工程案例，系统研究了监测反馈与施工参数优化相互紧密结合的信息化施工技术。

周健等（2019）建立了基于地层损失率的盾构穿越预测与动态调控方法，通过试推段数据得到地表变形-地层损失率-施工参数的关系，利用穿越段临界地层损失率控制盾构施工参数。

针对愈加复杂的城市地铁隧道邻近盾构穿越问题，建立基于信息化、可视化、智能化技术的盾构工程安全风险管理系统，可极大地提高管理的科学性与效率。沈卫平等（2019）介绍了基于互联网技术开发的成都市盾构施工信息管理系统，该系统整合全市各工点盾构的施工参数、监测数据、现场视频监控等，对穿越施工等危险工况与安全隐患进行风险预警与集中管理。此外，北京、广州、杭州等地都建立了各自的工程建设安全风险管理系统（罗富荣，2011；王烨晟等，2021）。建立全过程、多指标、集成化，面向决策、管理、施工、监测各层面的盾构工程安全风险管理系统，以及配套的管理办法，对于保障既有地铁隧道安全运营、规范风险管理流程具有重要意义。盾构工程安全风险管理系统功能结构如图 1.2-1 所示。

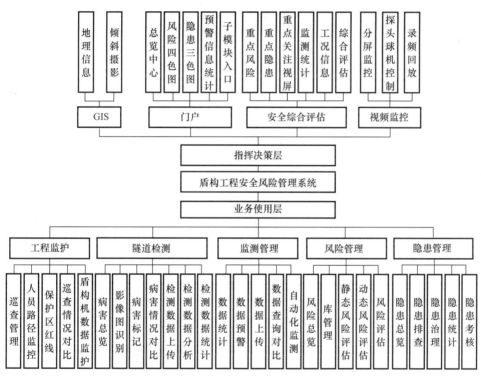

图 1.2-1　盾构工程安全风险管理系统功能结构

（2）土体加固

工程中常采用提前加固土体的措施，降低穿越对既有隧道的不利影响。MJS工法，又称全方位高压喷射工法，是一种可以有效减少环境影响并保证成桩直径的旋喷加固方法（张帆，2010），杭州某 MJS 加固法工程示意图如图 1.2-2 所示。王岩（2019）通过模型试验和有限元方法系统研究了 MJS 水平预加固效果。张品等（2019），陈仁朋等（2018）对运用 MJS 水平预加固的穿越工程做了详细监测，分别研究了 MJS 加固施工和盾构穿越过程对既有隧道的位移和内力的影响。MJS加固法效果良好，但需要创造施工工作面，应用仍具有一定局限性。

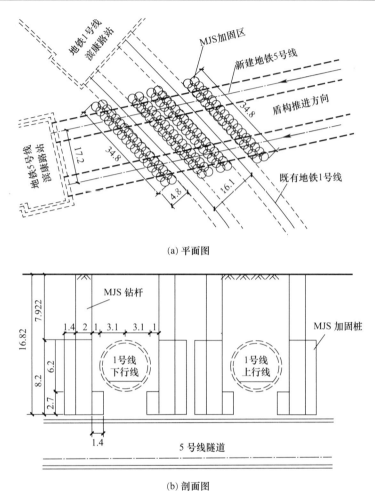

(a) 平面图

(b) 剖面图

图 1.2-2　杭州某 MJS 加固法工程示意图（单位：m）

　　注浆加固法适用范围广，操作简便，可根据穿越工程空间位置和既有隧道变形特征设计注浆方案，达到预加固地层、补偿地层损失、调整隧道曲线、控制后期沉降的目的。Jin 等（2018a）介绍了一种在既有隧道底部进行双浆液注浆的预加固方案。汪小兵（2011）基于现场实测数据，分析二次注浆补偿对既有隧道与新建隧道变形的影响，认为注浆过程中应对既有隧道沉降和收敛变形进行持续监测反馈。目前，包括同步注浆在内的注浆加固法已普遍用于盾构穿越工程中。

　　值得注意的是，土体加固过程本身就是一种对土体的扰动，要充分重视造成的影响（Ding 等，2019）。在不同地层条件下 MJS 成桩效果、注浆加固的浆液渗流等问题仍不明晰，应针对不同地层条件对加固措施适用性做进一步评价；加固设计时，要从加固效果和经济性两方面考虑，确定合理的加固范围。

（3）既有隧道加固

穿越工程中有必要对长期运营地铁隧道可能存在的结构损伤和病害进行修复加固，既有隧道修补加固措施如图 1.2-3 所示。Chang 等（2001）介绍了一种用于修复邻近施工引起盾构隧道横向变形的钢环加固法。柳献等（2013；2014）基于足尺试验结果，证明内张钢环加固能够有效提高结构整体刚度和承载能力，认为钢环与衬砌混凝土的粘结强度是结构性能控制节点。但钢环加固存在自重大且体积影响建筑限界等问题，实际应用较少。

(a) 内张钢环加固法　　　　　　　　　(b) 纤维材料加固法

图 1.2-3　既有隧道修补加固措施

针对纵缝加固，刘梓圣等（2014）、柳献等（2016）分别运用数值计算和足尺试验的方法研究了纤维材料加固隧道纵缝的机理与效果。

针对环缝加固，翟五洲等（2019）利用数值计算研究了用钢板加固环缝的隧道在剪切作用下的力学响应，发现钢板加固能使已经发生错台变形的管片抗剪性能得到提升。

对于既有隧道加固法，要特别注意加固体与隧道连接界面的性能，保证二者协同工作。同时，加固体作为既有隧道的一部分，其耐久性评价需要引起重视。目前，新材料、小体积、复合结构等加固方法应运而生，多种加固手段相结合的办法也越来越多地投入工程应用。

1.3　本书主要研究内容

本书在总结近年来盾构穿越既有地铁隧道的工程特点及变形规律的基础上，聚焦于近些年不断增多的盾构穿越既有隧道工程，采用理论研究、数值模拟与实测分析等手段，建立相应的计算模型和方法，研究盾构穿越既有地铁纵向、横向变形、内力影响规律及影响因素，为盾构穿越既有地铁工程的设计与施工提供参考。具体研究内容如下：

（1）分析盾构-土体-既有地铁隧道相互作用机理，在考虑盾构实际施工时开挖面的挤土效应、泥浆密度分布、盾壳摩擦力沿盾壳分布与土体的软化作用、浆液漫延对摩擦力的折减作用、盾尾注浆沿环向不均匀分布作用，采用半无限饱和土体初值解积分与 Winkler 地基梁理论，推导了各种施工因素引起既有隧道纵向变形的理论计算公式。在此基础上，进一步对盾构直径、空间净距、角度、隧道与土体刚度等影响因素进行单一变量分析。

（2）考虑盾构下穿施工与土体和既有隧道间相互作用，研究盾构穿越隧道管片结构的纵横向变形和受力特性，应用 ANSYS 有限元软件建立了既有隧道单环有限元模型，研究了盾构穿越附加应力作用下既有隧道横向变形与内力特征，并选取下穿实际工程案例进行分析，研究盾构下穿施工引起地表、地层横向沉降变形以及既有地铁隧道结构纵向沉降变形。

（3）分析盾构上跨施工对既有隧道的影响及影响盾构上跨施工的主要因素，探究盾构上跨施工地层变形及结构内力的主要影响因素，同时进一步考虑既有隧道存在初始椭圆变形，计算在不同椭圆度下既有隧道受穿越影响的横向力学响应。并结合上跨工程实例，对上跨施工中既有隧道竖向位移变化、道床差异沉降及地表变形规律进行分析。

（4）综合盾构穿越对既有地铁隧道影响特征，在分析评估穿越对既有地铁隧道影响的基础上，阐述了克泥效工法施工控制技术并结合盾构穿越全过程（施工前、施工时、施工后）及实际穿越工程中的安全性问题，提出了合理的安全控制措施。

（5）建立了一套安全监测及信息化系统，各层级之间进行数据交换、数据互通，实现了各个功能模块之间的数据联动，使系统平台具备较强的功能扩展性。在监测硬件系统基础上开发了信息化系统，实现作业全过程实时监测及预警功能。

第 2 章　盾构穿越既有隧道机理分析

盾构法具有安全、环保、工期短等优势，在城市地下空间隧道建设中有着广泛的应用。但仍不可避免对土体及周围环境造成影响。当盾构穿越邻近既有地铁隧道时，盾构施工会对周围土体产生扰动，继而对邻近既有地铁隧道产生不利影响。

考虑盾构实际施工时开挖面的挤土效应、泥浆密度分布、盾壳摩擦力沿盾壳分布与土体的软化作用、浆液漫延对摩擦力的折减作用、盾尾注浆沿环向不均匀分布作用，采用半无限饱和土体初值解积分与 Winkler 地基梁理论，推导了各施工因素引起既有隧道纵向变形的理论计算公式。在此基础上，进一步对盾构直径、空间净距、角度、隧道与土体刚度等影响因素进行单一变量分析。

2.1　盾构-土体-既有地铁隧道相互作用机理

当第一条既有隧道在土中建设完成后，土体与既有隧道形成一个相对稳定的状态。此后，在稳定体系中开挖新的盾构势必将打破这一平衡。盾构穿越影响可以视为"盾构-土体-既有隧道"的多元相互作用体系：盾构为扰动源，土体为传播介质，既有地铁隧道则是影响对象，盾构-土体-既有隧道相互作用示意图如图2.1-1 所示。三者相互耦合作用，并最终达到新的稳定状态。

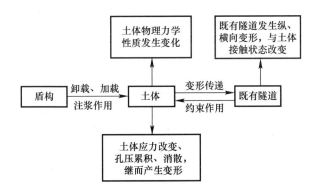

图 2.1-1　盾构-土体-既有隧道相互作用示意图

目前用于城市地铁或市政隧道建设的盾构机主要是土压平衡盾构或泥水平衡盾构。其中，土压平衡盾构的直径通常小于 10m，而泥水平衡盾构则通常在大直径（直径大于 10m）公路隧道中使用（钱七虎等，2002；吴昌胜和朱志铎，

2019a)，二者的区别主要在于开挖面稳定方式不同。盾构机与土体相互作用的原理前人已有较为深入的研究（严长征，2007；Liao，2009；Lin，2013），盾构施工对土体作用示意图如图 2.1-2 所示。

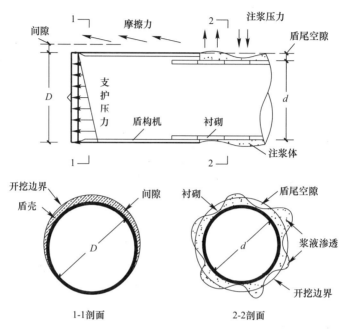

图 2.1-2 盾构施工对土体作用示意图

盾构与土体作用的环节主要分为：（1）盾构开挖面支护压力大于前方水土压力时土体向外移动，支护压力小于前方水土压力时土体向开挖面塌陷。（2）盾构在掘进过程中，盾壳与土体摩擦引起土体变形。盾构曲线掘进、蛇形等姿态变化引起侧壁挤压或超挖土体，导致土体变形。（3）盾尾同步注浆压力过大引起土体向外移动，浆液填充不足或浆液渗透流失引起土体向盾尾空隙移动。（4）盾构穿越后扰动土体再固结导致的工后沉降。土体应力改变引起的弹塑性变形是即时的，而土体产生蠕变、孔隙压力的改变引起土体固结沉降则属于长期变形。

作为影响对象的既有地铁隧道主要是预制装配式混凝土衬砌结构，盾构施工引起的土体应力与变形传递至既有隧道时，隧道的存在使周围土体应力发生重分布。应力重新分布的现象可以归因于土拱效应，以盾构下穿为例，盾构开挖导致盾构上方土体的垂直应力减小，形成了松动区。既有隧道存在使得土体位移发展受限制并形成土拱，拱效应使得应力转移到隧道的两侧（Lin 等，2019）。此时，土体与既有隧道接触状态发生改变，土体和既有隧道之间可能出现弹性接触、塑性接触或脱空状态（金大龙，2018b），土体与既有隧道接触状态示意图如图 2.1-3 所示。

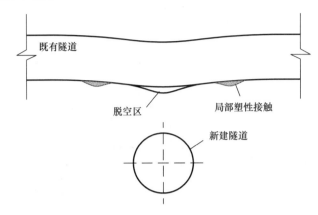

图 2.1-3　土体与既有隧道接触状态示意图

　　既有隧道受力改变后发生纵向与横向变形，主要表现为：纵向上发生刚体转动和环间错台变形（王如路，2009a，2009b）；横向上发生横竖鸭蛋式椭圆变形，变形模式取决于竖向土压力与水平向土压力的变化关系，既有隧道横纵向变形示意图如图 2.1-4 所示。盾构-土体-既有隧道三者之间的相互作用包含了时间和空间要素，对既有隧道的影响需根据具体的时间效应与空间位置来确定。

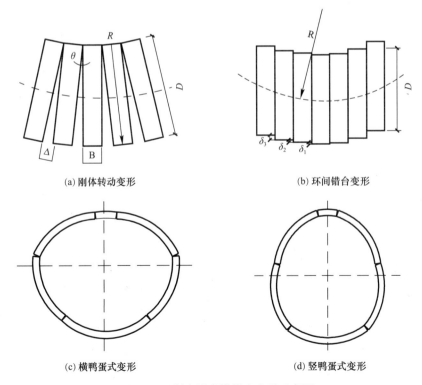

图 2.1-4　既有隧道横纵向变形示意图

13

盾构多次穿越既有隧道时，既有隧道将受到重复扰动作用，盾构多次穿越引起既有隧道变形示意图如图 2.1-5 所示。从图中可以看出，由于先行盾构施工扰动、土的结构性与注浆体硬化，土体的物理力学性质发生了变化，后行盾构施工引起的土体变形量与影响范围将大于先行盾构（马可栓，2008），这种影响在深厚淤泥质软土中极为显著（丁智等，2019）；先行隧道的存在阻拦了后行隧道穿越引起的土体变形的传播，影响了既有隧道的变形。因此，既有隧道的变形在多次穿越影响下相互叠加，出现纵向沉降不对称等不同于单次穿越的变形形态（Li 和 Yuan，2012）。应该指出，重复扰动影响与新盾构间距有关，伦敦黏土中当盾构间距大于盾构直径 7 倍时可忽略其重复扰动的作用（Addenbrooke 和 Potts，2001）。

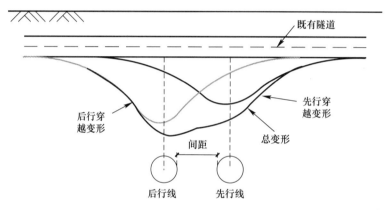

图 2.1-5　盾构多次穿越引起既有隧道变形示意图

为探究盾构穿越引起既有隧道的变形规律，收集国内盾构穿越既有隧道工程案例，对实测数据进行了整合，盾构穿越既有隧道典型工程案例的工程概况如表 2.1-1 所示。表中既有隧道隆沉值数据以隆起为正，沉降为负。以盾构通过既有隧道结构边线的时间为横坐标，绘制盾构穿越时间与穿越交叉投影点隆沉值的关系图，如图 2.1-6 所示。由图可知，既有隧道隆沉的变化与穿越方式密切相关。以盾构上穿为例，盾构上穿时既有隧道总体呈现隆起趋势。根据穿越交叉点隆沉值变化可将整个穿越过程分为四个阶段：（1）在穿越前 5d 左右，既有隧道开始产生相对下沉趋势；（2）在穿越过程中既有隧道快速隆起；（3）盾构通过 3~5d，隆起速率逐渐减小；（4）盾构远离后，隆起出现回落，在 15d 以后趋于稳定。盾构下穿时既有隧道总体呈现沉降趋势，穿越交叉点的隆沉变化规律与上穿时相反，经历了盾构穿越前隆起、穿越中快速沉降、穿越后沉降速率变缓和远离时沉降稳定四个阶段。以既有隧道距穿越交叉投影点处的距离为横坐标，绘制盾构穿越既有隧道的纵向隆沉曲线，如图 2.1-7 所示。从图中可以看出，盾构上穿、下穿引起既有隧道纵向沉降均呈中间大两边小的漏斗形分布。穿越施工

盾构穿越既有隧道典型工程案例的工程概况　　　　表 2.1-1

序号	穿越方式	工程名称	地层条件	穿越角度/°	新建隧道直径/m	竖向净距/m	既有隧道隆沉值/mm
1	上穿	上海地铁 8 号线上穿地铁 2 号线（陈亮等，2006）	淤泥质粉质黏土、淤泥质黏土	69	6.20	1.3	1.9
2		南京明园地下通道上穿地铁 2 号线（瞿婧晶，2012）	粉质黏土夹粉土、淤泥质粉质黏土	72	6.00	5.9	1.2
3		上海外滩通道上穿地铁 2 号线（黄德中等，2012）	灰色淤泥质黏土、灰色黏土	75	13.95	1.5	9.5
4		上海地铁 13 号线上穿地铁 4 号线（朱蕾和黄宏伟，2010）	淤泥质黏土、粉质黏土	76	6.20	3.0	5.7
5	下穿	北京某盾构下穿既有地铁区间（王岩，2015）	粉质黏土、粉土、卵砾石	24	6.00	7.2	−22.8
6		北京地铁 14 号线下穿地铁 15 号线（杨志勇等，2014）	粉质黏土夹粉土层	55	6.00	2.0	−11.2
7		上海西藏南路隧道下穿地铁 8 号线（蒋洪进，2009）	暗绿色粉质黏土、草黄色砂质粉土	56	11.36	2.7	−16.8
8		广州地铁 7 号线下穿地铁 3 号线（梁建波，2016）	全风化混合花岗岩、强风化混合花岗岩	70	6.00	1.9	−4.1
9		深圳地铁 9 号线下穿地铁 4 号线（Jin 等，2018a）	砾质黏性土、全风化花岗岩	83	6.00	2.5	−8.3

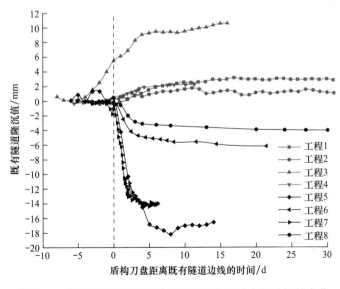

图 2.1-6　既有隧道在穿越交叉投影处隆沉随穿越时间的变化

对既有隧道纵向沉降的影响范围，大致在交叉投影点两侧12~24m，即交叉点两侧2~4倍新建盾构直径（2~4D）。下穿引起既有隧道的沉降大于上穿引起既有隧道的隆起，这是因为叠加了新建隧道的自身重力作用与扰动后土体固结沉降作用。此外，工程3引起既有隧道隆起量是工程1的5倍，原因是工程3采用大直径泥水盾构（直径为13.95m）施工，对土体的扰动将大于常规土压平衡盾构。部分穿越引起既有隧道最大沉降不在穿越交叉点投影处，偏离一定的位置，主要原因是盾构与既有隧道斜交，盾构先到达既有隧道某一侧，导致该侧先受影响（周松，2009）。

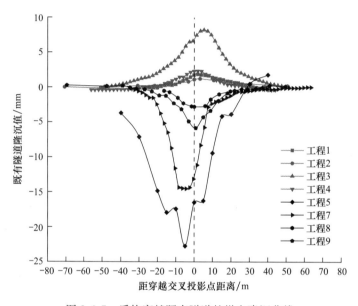

图 2.1-7　盾构穿越既有隧道的纵向隆沉曲线

2.2　盾构穿越模型

影响盾构穿越的施工因素主要有四项：盾构开挖面附加推力、盾壳与周围土体的摩擦力、盾尾注浆压力以及土体损失。根据盾构实际施工中施工参数的变化，建立盾构穿越既有隧道的力学模型，如图 2.2-1 所示，盾构机轴线垂直于 xoz 平面，且与 y 轴平行；既有隧道轴线位于 xoz 平面（$y=0$），且与 x 轴平行。

盾构穿越为一个复杂的动态过程，为了反映盾构穿越过程中施工因素对既有地铁隧道变形的影响，本章做出以下假定：

（1）忽略盾构与既有隧道的体积，假定土体均质且各向同性；

（2）盾构外径 $D_s=2R_s$，盾构机长 L，盾构轴线埋深 Z_0，既有隧道轴线埋深 z；

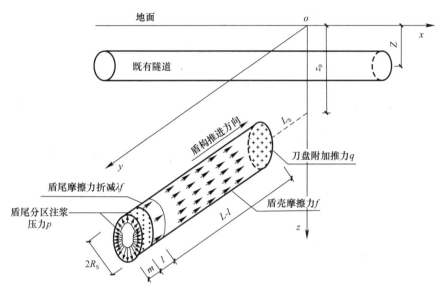

图 2.2-1　盾构穿越既有隧道的力学模型

（3）不考虑盾构穿越姿态的改变，认为盾构沿水平线掘进，轴线与 y 轴平行，盾构开挖面距 xoz 平面的水平距离为 L_s（盾构未穿越时为正）；

（4）开挖面附加推力 q 分布于盾构开挖面，作用于开挖面前方土体；

（5）盾壳摩擦力 f 分布于盾壳表面，作用于盾壳周围土体，盾尾浆液漫延范围为 l；

（6）盾尾注浆压力 p 作用范围为盾尾后一环管片宽度 m，盾尾注浆压力沿管片环向消散，不考虑沿管片纵向的变化；

（7）忽略盾构施工扰动引起土体固结沉降及注浆体的硬化作用，仅研究盾构穿越阶段既有隧道变形。

2.3　盾构穿越引起既有地铁变形理论

2.3.1　半无限饱和土体内部作用集中力的基本解

陈振建（2000）基于 Biot 固结控制方程，根据半无限饱和土受集中力作用时的边界限定条件，解耦得到半无限饱和软土内部作用水平集中力和竖向集中力时土体任意位置的位移、附加应力和孔隙水压表达式。半无限饱和土内部受集中力基本解示意图如图 2.3-1 所示。

在竖向集中力 P_v 作用下，土体任意一点 (x, y, z) 的竖向附加应力 σ_{zv}、水平向附加应力 σ_{xv} 和 σ_{yv} 计算公式如下：

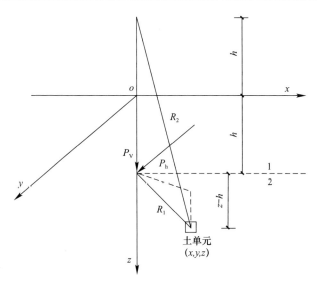

图 2.3-1　半无限饱和土内部受集中力基本解示意图

$$\sigma_{zv} = -\frac{3P_v}{4\pi}\left\{\frac{(z-h)^3}{R_1^5}\right.$$

$$+\frac{(h+z)\left[h^4+8h^3z-4hz(x^2+y^2-2z^2)+z^2(x^2+y^2+z^2)+h^2(x^2+y^2+14z^2)\right]}{R_2^7}\right\}$$

$$(2\text{-}3\text{-}1)$$

$$\sigma_{xv} = -\frac{3P_v}{4\pi}\left\{\frac{x^2(z-h)}{R_1^5}+\frac{x^2(z-h)+2h^2(z+h)}{R_2^5}+\frac{10x^2hz(z+h)}{R_2^7}\right\}$$

$$(2\text{-}3\text{-}2)$$

$$\sigma_{yv} = -\frac{3P_v}{4\pi}\left\{\frac{y^2(z-h)}{R_1^5}+\frac{y^2(z-h)+2h^2(z+h)}{R_2^5}+\frac{10y^2hz(z+h)}{R_2^7}\right\}$$

$$(2\text{-}3\text{-}3)$$

水平集中力 P_h 作用下，土体任意一点 (x,y,z) 的竖向附加应力 σ_{zh}、水平向附加应力 σ_{xh} 和 σ_{yh} 计算公式如下：

$$\sigma_{zh} = \frac{3P_h y}{4\pi}\left\{-\frac{(h-z)^2}{R_1^5}\right.$$

$$+\frac{h^4+10h^3z-z^2(x^2+y^2+z^2)+h^2(x^2+y^2+16z^2)+h(-2x^2z-2y^2z+6z^3)}{R_2^7}\right\}$$

$$(2\text{-}3\text{-}4)$$

$$\sigma_{xh} = -\frac{3P_h y}{4\pi}\left(\frac{x^2}{R_1^5}+\frac{x^2-2h^2}{R_2^5}-\frac{10x^2hz}{R_2^7}\right) \qquad (2\text{-}3\text{-}5)$$

$$\sigma_{yh} = -\frac{3P_h y}{4\pi}\left[\frac{y^2}{R_1^5} + \frac{y^2 - 6h^2 + 4h(z+h)}{R_2^5} - \frac{10y^2 hz}{R_2^7}\right] \tag{2-3-6}$$

式中：x,y,z 为所求点的坐标位置；h 为集中力作用点深度；$R_1 = \sqrt{x^2 + y^2 + (z-h)^2}$，$R_2 = \sqrt{x^2 + y^2 + (z+h)^2}$。

2.3.2　盾构施工因素引起的饱和土体竖向附加应力

（1）盾构开挖面附加推力 q 引起土体竖向附加应力

开挖面附加推力引起土体竖向附加应力可由式（2-3-4）积分得到，开挖面附加推力积分示意图如图 2.3-2 所示。

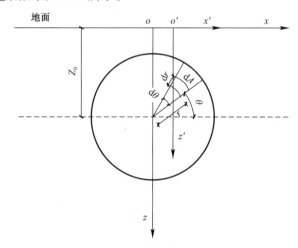

图 2.3-2　开挖面附加推力积分示意图

对开挖面任意微元 $dA = r\,dr\,d\theta$，其所受集中力为 $dP_h = qr\,dr\,d\theta$。该作用力埋深为 $h = z_0 - r\sin\theta$，坐标系为 $x'y'z'$。要想求得坐标系 xyz 下土体的竖向附加应力，须对坐标系 $x'y'z'$ 下的结果做如下变换：

$$\begin{cases} x' = x - r\cos\theta \\ y' = y - L_s \\ z' = z \end{cases} \tag{2-3-7}$$

将式（2-3-7）代入式（2-3-4）得：

$$d\sigma_{z-q} = -\frac{3qr\,dr\,d\theta(y-L_s)}{4\pi}\left\{-\frac{(z_0 - r\sin\theta - z)^2}{R_1^5}\right.$$

$$+ \frac{(z_0 - r\sin\theta)^4 + 10(z_0 - r\sin\theta)^3 z - z^2[(x-r\cos\theta)^2 + (y-L_s)^2 + z^2]}{R_2^7}$$

$$\left. + \frac{(z_0 - r\sin\theta)^2[(x-r\cos\theta)^2 + (y-L_s)^2 + 16z^2] + (z_0 - r\sin\theta)[-2(x-r\cos\theta)^2 z - 2(y-L_s)^2 z + 6z^3]}{R_2^7}\right\}$$

$$\tag{2-3-8}$$

式中：

$$\begin{cases} R_1 = \sqrt{(x-r\cos\theta)^2 + (y-L_s)^2 + (z-z_0+r\sin\theta)^2} \\ R_2 = \sqrt{(x-r\cos\theta)^2 + (y-L_s)^2 + (z+z_0-r\sin\theta)^2} \end{cases} \quad (2\text{-}3\text{-}9)$$

对上式积分，可得盾构开挖面附加推力 q 引起饱和土体中某一点 (x,y,z) 的竖向附加应力 σ_{z-q}：

$$\sigma_{z-q} = \int_0^{2\pi} \int_0^{R_s} d\sigma_{z-q} \quad (2\text{-}3\text{-}10)$$

（2）盾壳摩擦力 f 引起土体竖向附加应力

盾壳摩擦力引起土体竖向附加应力的积分示意图如图 2.3-3 所示。盾壳摩擦力考虑盾尾浆液漫延导致靠近盾尾部分摩擦力的折减作用。

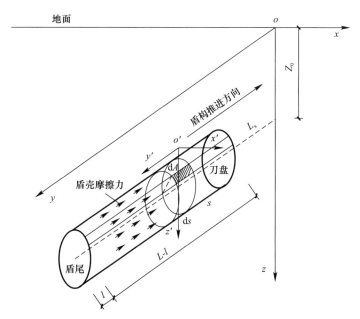

图 2.3-3　盾壳摩擦力引起土体竖向附加应力的积分示意图

对盾壳表面任意微元 $dA = R_s ds d\theta$，其所受集中力为 $dP_h = fR_s ds d\theta$，该作用力埋深为 $h = z_0 - R_s \sin\theta$，坐标系为 $x'y'z'$。要求得坐标系 xyz 下土体的竖向附加应力，须对坐标系 $x'y'z'$ 下的结果做如下变换：

$$\begin{cases} x' = x - R_s\cos\theta \\ y' = y - L_s - s \\ z' = z \end{cases} \quad (2\text{-}3\text{-}11)$$

将式（2-3-11）代入式（2-3-4）得：

$$d\sigma_{z-f} = -\frac{3fR_s(y-L_s-s)ds\,d\theta}{4\pi}$$

$$\left\{ -\frac{(z_0-R_s\sin\theta-z)^2}{R_1^5} + \frac{(z_0-R_s\sin\theta)^4 + 10(z_0-R_s\sin\theta)^3 z}{R_2^7} \right.$$

$$-\frac{z^2\left[(x-R_s\cos\theta)^2 + (y-L_s-s)^2 + z^2\right]}{R_2^7}$$

$$+\frac{(z_0-R_s\sin\theta)^2\left[(x-R_s\cos\theta)^2 + (y-L_s-s)^2 + 16z^2\right]}{R_2^7}$$

$$\left. +\frac{(z_0-R_s\sin\theta)\left[-2(x-R_s\cos\theta)^2 z - 2(y-L_s-s)^2 z + 6z^3\right]}{R_2^7} \right\}$$

$$(2\text{-}3\text{-}12)$$

式中：

$$\begin{cases} R_1 = \sqrt{(x-R_s\cos\theta)^2 + (y-L_s-s)^2 + (z-z_0+R_s\sin\theta)^2} \\ R_2 = \sqrt{(x-R_s\cos\theta)^2 + (y-L_s-s)^2 + (z+z_0-R_s\sin\theta)^2} \end{cases} \quad (2\text{-}3\text{-}13)$$

对上式积分，可得盾壳摩擦力 f 引起饱和土体中某一点 (x,y,z) 的竖向附加应力 σ_{z-f}：

$$\sigma_{z-f} = \int_0^{2\pi}\int_0^{L-l} d\sigma_{z-f} + \lambda\int_0^{2\pi}\int_{L-l}^{L} d\sigma_{z-f} \quad (2\text{-}3\text{-}14)$$

式中：λ 为考虑浆液漫延效应的摩擦力折减，取 0.5；l 为浆液漫延长度，根据 Bezuijen（2007）的研究，可取为 2.2m。

（3）盾尾注浆压力 P 引起土体竖向附加应力

盾尾注浆压力引起土体竖向附加应力积分示意图如图 2.3-4 所示。

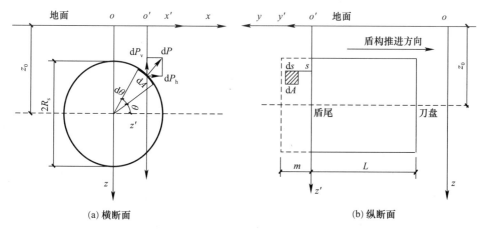

（a）横断面　　　　　　　　　　（b）纵断面

图 2.3-4　盾尾注浆压力引起土体竖向附加应力积分示意图

对盾尾注浆处任意微元 $dA = R_s ds d\theta$，其所受集中力为 $dP = PR_s ds d\theta$，该作用力埋深为 $h = z_0 - R_s \sin\theta$，坐标系为 $x'y'z'$。将其分解为竖向分力 $dP_v = -PR_s \sin\theta ds d\theta$ 和水平分力 $dP_h = PR_s \cos\theta ds d\theta$。要求得在坐标系 xyz 下土体竖向变形，须对坐标系 $x'y'z'$ 下的结果做如下变换：

$$\begin{cases} x' = x - R_s \cos\theta \\ y' = y - L_s - L - s \\ z' = z \end{cases} \tag{2-3-15}$$

将式（2-3-15）代入式（2-3-1）可得竖向分力引起的竖向附加应力：

$$\begin{aligned} d\sigma_{z-P_v} = \frac{3PR_s \sin\theta ds d\theta}{4\pi} & \left\{ \frac{(z-z_0+R_s\sin\theta)^3}{R_1^5} + \frac{(z_0-R_s\sin\theta+z)(z_0-R_s\sin\theta)^4}{R_2^7} \right. \\ & + \frac{8(z_0-R_s\sin\theta)^3 z - 4(z_0-R_s\sin\theta)z[(x-R_s\cos\theta)^2+(y-L_s-L-s)^2-2z^2]}{R_2^7} \\ & + \frac{z^2[(x-R_s\cos\theta)^2+(y-L_s-L-s)^2+z^2]}{R_2^7} \\ & \left. + \frac{(z_0-R_s\sin\theta)^2[(x-R_s\cos\theta)^2+(y-L_s-L-s)^2+14z^2]}{R_2^7} \right\} \end{aligned} \tag{2-3-16}$$

水平分力引起的竖向附加应力：

$$\begin{aligned} d\sigma_{z-P_h} = \frac{3PR_s \cos\theta ds d\theta (x-R_s\cos\theta)}{4\pi} & \\ & \left\{ -\frac{(z_0-R_s\sin\theta-z)^2}{R_1^5} + \frac{(z_0-R_s\sin\theta)^4 + 10(z_0-R_s\sin\theta)^3 z}{R_2^7} \right. \\ & - \frac{z^2[(y-L_s-L-s)^2+(x-R_s\cos\theta)^2+z^2]}{R_2^7} \\ & + \frac{(z_0-R_s\sin\theta)^2[(y-L_s-L-s)^2+(x-R_s\cos\theta)^2+16z^2]}{R_2^7} \\ & \left. + \frac{(z_0-R_s\sin\theta)[-2(y-L_s-L-s)^2 z - 2(x-R_s\cos\theta)^2 z + 6z^3]}{R_2^7} \right\} \end{aligned}$$

$$\tag{2-3-17}$$

式中：

$$\begin{cases} R_1 = \sqrt{(x-R_s\cos\theta)^2+(y-L_s-L-s)^2+(z-z_0+R_s\sin\theta)^2} \\ R_2 = \sqrt{(x-R_s\cos\theta)^2+(y-L_s-L-s)^2+(z+z_0-R_s\sin\theta)^2} \end{cases}$$

$$\tag{2-3-18}$$

实际计算时，为计算简便，将注浆压力平均化处理。假定盾尾四孔注浆，将盾尾分为上下左右四个区域，分别取 $0°$、$90°$ 和 $270°$ 处的注浆压力为左右部、上部和下部的平均注浆压力，注浆压力分布示意图如图 2.3-5 所示。

对上式积分，可分别求得注浆压力 P 的竖向分力 P_v 和水平分力 P_h 引起饱和土体中某一点 (x,y,z) 的竖向附加应力 σ_{z-P_v} 和 σ_{z-P_h}：

$$\sigma_{z-P_v} = \int_0^{\frac{\pi}{4}}\int_0^m d\sigma_{z-P_{v2}} + \int_{\frac{\pi}{4}}^{\frac{3\pi}{4}}\int_0^m d\sigma_{z-P_{v1}} + \int_{\frac{3\pi}{4}}^{\frac{5\pi}{4}}\int_0^m d\sigma_{z-P_{v2}} + \int_{\frac{5\pi}{4}}^{\frac{7\pi}{4}}\int_0^m d\sigma_{z-P_{v3}} + \int_{\frac{7\pi}{4}}^{2\pi}\int_0^m d\sigma_{z-P_{v2}}$$

$$(2\text{-}3\text{-}19)$$

$$\sigma_{z-P_h} = \int_0^{\frac{\pi}{4}}\int_0^m d\sigma_{z-P_{h2}} + \int_{\frac{\pi}{4}}^{\frac{3\pi}{4}}\int_0^m d\sigma_{z-P_{h1}} + \int_{\frac{3\pi}{4}}^{\frac{5\pi}{4}}\int_0^m d\sigma_{z-P_{h2}} + \int_{\frac{5\pi}{4}}^{\frac{7\pi}{4}}\int_0^m d\sigma_{z-P_{h3}} + \int_{\frac{7\pi}{4}}^{2\pi}\int_0^m d\sigma_{z-P_{h2}}$$

$$(2\text{-}3\text{-}20)$$

（4）土体损失 V_{loss} 引起土体竖向附加应力

可计算土体损失引起的周围土体的竖向变形 U_z，进而得到土体损失引起土体中某一点 (x,y,z) 的竖向附加应力 σ_{z-s} 为：

$$\sigma_{z-s} = kU_z \qquad (2\text{-}3\text{-}21)$$

式中：k 为地基基床系数。

（5）盾构穿越施工引起土体中总竖向附加应力

将前述盾构开挖面附加推力、盾壳摩擦力、盾尾注浆压力以及土体损失引起的饱和土体附加应力相叠加，得到盾构穿越施工阶段引起饱和土体任一点的竖向附加应力：

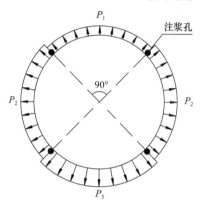

图 2.3-5　注浆压力分布示意图

$$\sigma_z = \sigma_{z-q} + \sigma_{z-f} + \sigma_{z-P_v} + \sigma_{z-P_h} + \sigma_{z-s} \qquad (2\text{-}3\text{-}22)$$

2.3.3　既有隧道纵向变形理论

原先受土压力、地基反力而平衡的既有隧道，由于盾构穿越施工引起土体附加应力传递至既有隧道，既有隧道随之与土体产生相互作用而变形。Attewell 等（1986）开创性采用二阶段法研究了隧道开挖对邻近管线的影响问题，将既有管线视作 Winkler 地基上的弹性地基梁，为今后理论的发展奠定了重要基础。在 Zhang 和 Huang（2014）、张琼方等（2015）以及 Liang 等（2016）的研究中，既有隧道均被视为 Winkler 地基上的连续欧拉-伯努利梁，并计算得到既有隧道因盾构穿越而产生的纵向变形。在本章中，既有隧道视为 Winkler 地基上的欧拉-伯努利无限长梁，梁的两端不受盾构穿越的影响。在广义分布附加荷载作用下，Winkler 地基长梁与地层相互作用的控制微分方程可以表示为（Liang 等，2016）：

$$EI\frac{d^4 W(x)}{dx^4} + kBW(x) = q(x) \qquad (2\text{-}3\text{-}23)$$

式中：EI 为既有隧道等效抗弯刚度；$W(x)$ 为既有隧道竖向位移；k 为地基基床系数；B 为既有隧道直径（$B=D_1$）；$q(x)$ 为盾构穿越引起既有隧道上的附加荷载，$q(x)=B\sigma(x)$，$\sigma(x)$ 为施加在既有隧道上的附加应力。

令 $q(x)=0$，则上述微分方程转化为齐次微分方程，通解为：

$$W(x)=e^{\lambda x}(C_1\cos\lambda x+C_2\sin\lambda x)+e^{-\lambda x}(C_3\cos\lambda x+C_4\sin\lambda x) \quad (2\text{-}3\text{-}24)$$

式中：$\lambda=\sqrt[4]{K/4EI}$；$K=kB$；C_1，C_2，C_3，C_4 为积分常数。

因为既有隧道假定为无限长梁，其末端不受附加应力的影响，则有 $W(x)|_{x\to\infty}=0$，解得 $C_1=C_2=0$。

集中力 P 作用下 Winkler 地基梁示意图如图 2.3-6 所示，在 Winkler 无限长梁中央作用一竖向集中力 P，由对称性可知：该处转角 $\theta(x)=0$，剪力 $Q(x)$ 的大小为集中力的一半。即：

$$\begin{cases} \theta=\dfrac{\mathrm{d}W(x)}{\mathrm{d}x}\bigg|_{x=0}=0 \\ Q=-EI\dfrac{\mathrm{d}^3W(x)}{\mathrm{d}x^3}\bigg|_{x=0}=-\dfrac{P}{2} \end{cases} \quad (2\text{-}3\text{-}25)$$

由式（2-3-24）求得 $C_3=C_4=\dfrac{P\lambda}{2K}$。

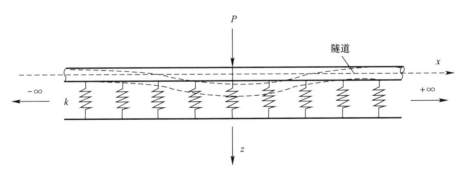

图 2.3-6　集中力 P 作用下 Winkler 地基梁示意图

由此可以得到集中力 P 作用下无限长梁竖向位移表达式：

$$W(x)=\frac{P\lambda}{2K}e^{-\lambda x}(\cos\lambda x+\sin\lambda x) \quad (2\text{-}3\text{-}26)$$

集中荷载 $q(\xi)\mathrm{d}\xi$ 作用下 Winkler 地基梁示意图如图 2.3-7 所示，在无限长梁任一点 ξ 作用集中荷载 $q(\xi)\mathrm{d}\xi$ 引起梁上任一点 x 的位移为：

$$\mathrm{d}W(x)=\frac{q(\xi)\mathrm{d}\xi\lambda}{2K}e^{-\lambda|x-\xi|}(\cos\lambda|x-\xi|+\sin\lambda|x-\xi|) \quad (2\text{-}3\text{-}27)$$

对上式进行积分，即可得到分布附加荷载下 Winkler 无限长梁在点 x 处的竖向位移：

$$W(x) = \int_{-\infty}^{+\infty} \frac{D\sigma(\xi)\lambda}{2K} e^{-\lambda|x-\xi|} (\cos\lambda|x-\xi| + \sin\lambda|x-\xi|) d\xi \quad (2\text{-}3\text{-}28)$$

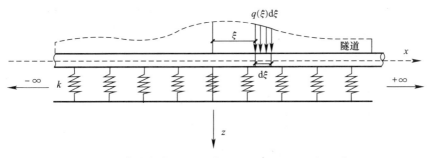

图 2.3-7　集中荷载 $q(\xi)d\xi$ 作用下 Winkler 地基梁示意图

　　式（2-3-28）适用于盾构垂直穿越既有隧道的工况。然而在城市盾构隧道穿越施工中，新建隧道往往与既有隧道呈一定的夹角。若依然使用式（2-3-28）进行预测计算则会与实际情况不符。因此，应该进一步考虑盾构穿越既有隧道角度的影响。

　　对于盾构呈一定角度穿越既有隧道的工况，可以利用坐标系转换的方法进行计算，如图 2.3-8 所示。假设既有隧道轴线与新建盾构轴线之间夹角为 θ（θ 为锐角），几何关系为：

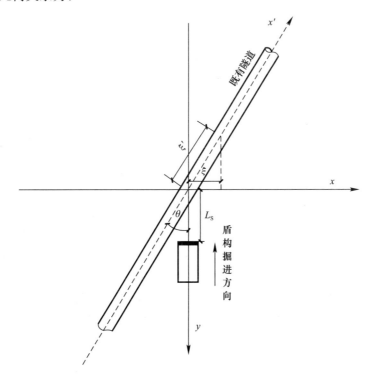

图 2.3-8　盾构呈一定角度穿越既有隧道坐标变换示意图

25

$$\xi' = \frac{\xi}{\sin\theta} \tag{2-3-29}$$

将式（2-3-29）带入式（2-3-28）得盾构以 θ 角度穿越时既有隧道在 x' 坐标下竖向位移表达式为：

$$W(x') = \int_{-\infty}^{+\infty} \frac{D\sigma(\xi)\lambda}{2K} e^{-\lambda \left| x' - \frac{\xi}{\sin\theta} \right|} \left(\cos\lambda \left| x' - \frac{\xi}{\sin\theta} \right| + \sin\lambda \left| x' - \frac{\xi}{\sin\theta} \right| \right) \frac{\mathrm{d}\xi}{\sin\theta} \tag{2-3-30}$$

式中：$\sigma(\xi)$ 为 xyz 坐标系下，既有隧道轴线处的竖向附加应力，由式（2-3-22）计算。

对于 Winkler 地基梁模型而言，应特别注意相关参数的确定，如既有隧道等效抗弯刚度 EI、地基基床系数 k 等。EI 是反映隧道抵抗邻近开挖引起的土体附加作用能力的关键参数。采用预制装配式混凝土衬砌结构的盾构地铁隧道并非连续管状结构，而是由管片通过环向接头与纵向接头连接成的组合结构。为了考虑接头对隧道刚度的影响，已有许多学者提出了计算盾构隧道纵向等效抗弯刚度的方法（徐凌，2005；叶飞等，2015）。

叶飞等（2011）考虑了隧道横向刚度对纵向变形的影响，提出了一种纵向等效抗弯刚度计算方法：

$$EI = E_c\lambda_1 + \frac{nlK_b\lambda_2}{A_s} \tag{2-3-31}$$

$$K_b = \frac{E_bA_b}{l_b} \tag{2-3-32}$$

式中：E_c 为管片的弹性模量；A_s 为隧道衬砌横截面面积；n 为纵向螺栓个数；l 为两环管片轴线间的距离，即一环管片的长度；K_b 为接头螺栓的平均线刚度；E_b 为螺栓的弹性模量；A_b 为螺栓横截面面积；l_b 为螺栓长度；λ_1，λ_2 为与隧道横截面有关的影响系数，具体取值方法详见叶飞等人的研究。

地基基床系数 k 是反映土体与隧道相互作用的另一个重要参数。其中，Vesic（1961）提出的地基基床系数公式被广泛应用于邻近开挖对周围既有隧道或建筑物的影响研究中（Attewell 等，1986；Klar，2005；张治国等，2009，2011；Zhang 等，2013）。但是，Vesic 系数是假定长梁位于地表而得到的，而对于埋置于一定深度的既有隧道，其结构与土的相互作用与在地表的情况有很大不同，对埋深具有很高的敏感性，直接采用 Vesic 地基基床系数可能导致变形计算结果偏大（Attewell 等，1986）。Yu 等（2013）推导了地基梁埋置于任意深度处 Winkler 地基模量 K 的表达式：

$$K = kB = \frac{3.08}{\eta} \frac{E_s}{1-\mu^2} \sqrt[8]{\frac{E_s B^4}{EI}} \tag{2-3-33}$$

$$\eta = \begin{cases} 2.18 & \text{当} \dfrac{z}{B} \leqslant 0.5 \\ 1 + \dfrac{1}{1.7z/B} & \text{当} \dfrac{z}{B} > 0.5 \end{cases} \quad (2\text{-}3\text{-}34)$$

式中：B 为既有隧道直径（$B=D$）；EI 为既有隧道等效抗弯刚度；E_s 为土体的弹性模量。在本章研究中，采用 Yu 等人提出的地基模量进行计算。

关于土体的弹性模量 E_s，该参数在实际工程中不易获得，而地质勘探报告往往会给出土体压缩模量 $E_{s0.1\text{-}0.2}$ 的取值。杨敏等（1992）通过试桩试验统计分析，建立了上海软土的弹性模量 E_s 与土体压缩模量 $E_{s0.1\text{-}0.2}$ 之间的经验关系：

$$E_s = (2.5 \sim 3.5) E_{s0.1\text{-}0.2} \quad (2\text{-}3\text{-}35)$$

2.4 影响因素敏感性分析

为进一步探究盾构-土体-既有隧道相互作用的影响，通过控制变量的分析手段，分别对盾构直径、既有隧道结构与土体刚度比、盾构穿越角度和盾构开挖面相对既有隧道轴线位置等影响因素进行敏感性分析。

2.4.1 盾构直径影响分析

采用本章提出的方法分析盾构直径对既有隧道隆沉的影响。计算中维持既有隧道轴线埋深与相对净距 3.2m 不变，分别取盾构直径 D_s=4m、6m、8m、10m、12m、14m 和 16m 作为不同工况进行分析。刀盘切入土体产生的挤压力与泥水预压力相同，取为 40kPa。图 2.4-1 为各参数作用下既有隧道最大隆沉值与盾构开挖直径 D_s 的关系，其中开挖面推力、盾壳摩擦、盾尾注浆引起既有隧道隆起，土体损失引起既有隧道沉降。可以看出，随着开挖直径增大，各施工因素引起既有隧道最大隆沉均呈增大趋势。考虑挤土效应的开挖面推力、考虑泥浆分布的开挖面推力、盾壳摩擦力与盾尾注浆压力引起既有隧道最大隆沉与盾构开挖直径变化呈线性相关，当盾构直径从 4m 增加至 16m 时，其引起既有隧道隆起量分别增加 1.8mm、2.2mm、3.8mm、5.0mm。泥浆重度分布相较于挤土效应对盾构直径变化更为敏感。土体损失对盾构直径变化最为敏感。在土体损失率 0.35% 不变的情况下，土体损失引起既有隧道沉降从直径 4m 的 1.3mm 增加至直径 16m 的 18.4mm，且增加幅度不断变大。

图 2.4-2 为不同盾构开挖直径穿越过程中引起既有隧道最大纵向沉降曲线。由图可知，随着盾构开挖直径的增大，既有隧道沉降峰值不断增加。当盾构直径 D_s=6m 时，既有隧道沉降峰值为 4.90mm。当盾构直径达到 16m 时，既有隧道沉降峰值已达到 20.78mm，增加了 3.24 倍，表明盾构开挖直径对既有隧道沉降峰值有较大影响。此时沉降峰值已超过《城市轨道交通结构安全保护技术规范》

27

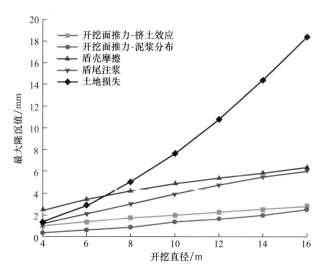

图 2.4-1　各参数作用下既有隧道最大隆沉值与盾构开挖直径 D_s 的关系

CJJ/T 202—2013 规定的 20mm 沉降控制值。增加盾构开挖直径相当于增强了"扰动源"，由于各施工因素引起既有隧道隆沉均受开挖直径的影响，叠加后既有隧道沉降峰值与影响范围均增加。

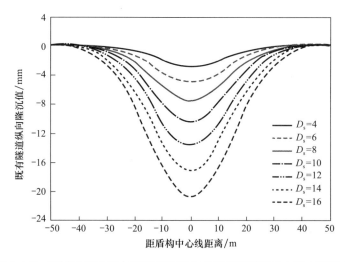

图 2.4-2　不同盾构开挖直径穿越过程中引起既有隧道最大纵向沉降曲线

2.4.2　新建盾构与既有隧道竖向净距影响分析

在维持既有隧道轴线埋深不变的情况下，分别设定竖向净距为 0.1～4 倍 D_t（D_t 为既有隧道直径）的不同工况，得到各参数作用下既有隧道最大隆起与新旧隧道净距与既有隧道直径比的关系，如图 2.4-3 所示。由图可知，各施工因素引起既有隧道最大隆起值随着竖向净距与既有隧道直径比的增大而逐渐减小。土体损失、开挖面推力与盾壳摩擦力的影响与竖向净距近似呈线性关系。当净距小于 $2D_t$ 时，盾尾注浆压力引起的既有隧道隆起对净距的变化尤为敏感。当 $L_0/D_t=2$ 时，盾尾注浆压力引起既有隧道隆起值为 0.61mm，当 L_0/D_t 减小至 0.5 时，隆起值达到了 4.68mm，增大了 7.67 倍。注浆压力在盾尾顶部为竖向力，而刀盘推力与盾壳摩擦均为水平力，当净距较小时，新旧隧道之间夹层土较薄，既有隧道隆沉对竖向力抬升的敏感程度大于水平力的推挤作用。

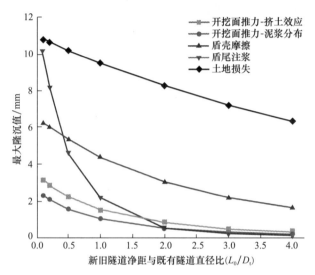

图 2.4-3 各参数作用下既有隧道最大隆沉与新旧隧道净距与既有隧道直径比的关系

图 2.4-4 为不同新旧隧道净距下既有隧道纵向沉降曲线。

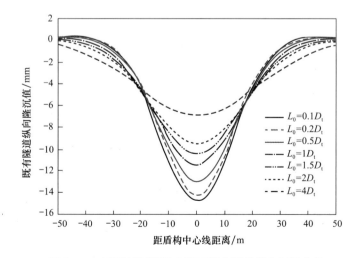

图 2.4-4 不同新旧隧道净距下既有隧道纵向沉降曲线

由图可知，随着竖向净距的增加，既有隧道纵向沉降槽的形态有较大的变化。当净距为 $0.1D_t$ 时，沉降峰值为 14.77mm，沉降槽呈深而窄的形状，当净距增加至 $4D_t$ 时，沉降峰值减小至 6.78mm，但沉降槽影响范围增加，沉降槽呈浅而宽的形状，表明新旧隧道净距对沉降槽宽度有较大影响。盾构与既有隧道净距增加时，相当于增加了传播路径，盾构穿越引起上部土体扰动区在既有隧道纵向上的投影增大，导致沉降槽影响范围的增加。

2.4.3 既有隧道刚度与土体弹性模量影响分析

图 2.4-5 为既有隧道采用不同等效抗弯刚度时既有隧道最大纵向沉降曲线。由图可知，随着既有隧道抗弯刚度增加，沉降峰值得到抑制，沉降槽影响范围变宽。当等效刚度为 $6 \times 10^7 \mathrm{kN \cdot m^2}$ 时，既有隧道沉降峰值为 12.90mm，当刚度增加 5 倍，达到 $3 \times 10^8 \mathrm{kN \cdot m^2}$ 后，沉降峰值减小为 10.69mm，减小了 17.1%，且沉降曲线更为平缓。结构抗弯刚度增大，结构整体性增强，更远处的既有隧道结构参与到抵抗变形之中，导致沉降峰值减小，沉降槽影响范围变宽，相应的沉降曲线变得更加平缓。

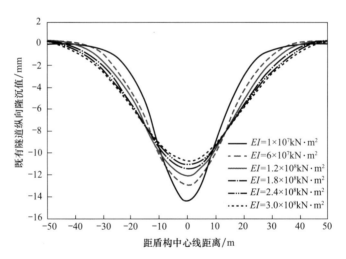

图 2.4-5　既有隧道采用不同等效抗弯刚度时既有隧道最大纵向沉降曲线

图 2.4-6 为不同土体弹性模量 E_s 下既有隧道纵向沉降曲线。可以看到，与增加既有隧道刚度不同，增加土体弹性模量不仅能抑制既有隧道沉降峰值，也能减小沉降槽影响范围。当土体弹性模量为 5MPa 时，既有隧道沉降峰值达到了 23.79mm，当弹性模量提高 3 倍，至 15MPa 后，沉降峰值即得到有效抑制，减小为 14.03mm，减小了 41%。随着弹性模量进一步提高，沉降的下降趋势变缓，当弹性模量达到 30MPa 时，沉降峰值为 11.64mm，减小了 51%。当地基强度达

到一定值后，提高土体弹性模量对既有隧道沉降抑制作用有限。土体弹性模量提高使得既有隧道下卧土体整体变形量减小，埋置其上的既有隧道沉降峰值减小、沉降曲线变缓。相较于提高隧道抗弯刚度，提高土体弹性模量效果要更好。在实际工程中，若地基处理条件允许，则可适当避免增强既有隧道刚度，并采用合适的地基加固手段，提高地基弹性模量。

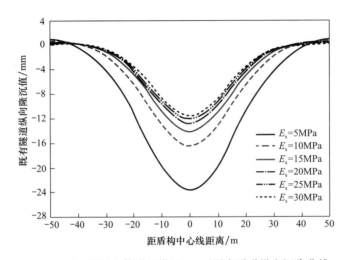

图 2.4-6　不同土体弹性模量 E_s 下既有隧道纵向沉降曲线

2.4.4　穿越角度影响分析

实际工程中，盾构往往并不是以垂直的角度穿越既有隧道。图 2.4-7 为盾构以角度 θ 穿越既有隧道示意图。改变角度 θ，计算得到不同穿越角度下既有隧道最终纵向沉降曲线，如图 2.4-8 所示。由图可知，随着盾构与既有隧道交角 θ 的不断减小，既有隧道沉降终值不断变大，随着 θ 从 90°减小到 15°，既有隧道最终沉降量增大了 2.73mm，增大约 26.52%。当 $\theta \geqslant 60°$ 时，沉降终值和沉降槽影响范围随角度变化不明显，而当 $\theta < 60°$ 时，由于盾构穿越影响范围与既有隧道纵向重叠区长度增加，既有隧道沉降终值和沉降槽影响范围随穿越角度减小显著增加。

图 2.4-9 展示了盾构与既有隧道呈 60°穿越时，既有隧道纵向沉降随盾构掘进距离 L_s 的变化曲线。图中的 L_s 表示从盾构开挖面到既有隧道中心线的水平距离，正值为未到达。既有隧道纵向沉降的峰值在穿越开始影响时不会出现在盾构中心线上方，而是出现在盾构中心线的左侧，这是由于盾构与既有隧道之间呈 60°角穿越，盾构左侧的既有隧道先进入穿越影响区。随着盾构继续前进，沉降峰值逐渐靠近盾构中心线。盾构开挖面穿越 20m 后，既有隧道沉降槽已基本关

于盾构轴线对称，盾构远离后，施工因素作用逐渐消散，沉降回弹。

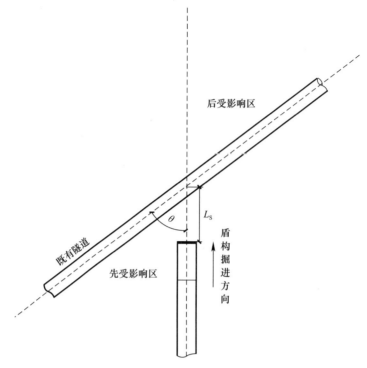

图 2.4-7　盾构以角度 θ 穿越既有隧道示意图

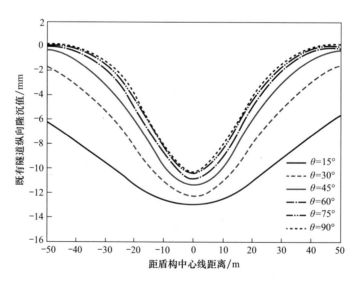

图 2.4-8　不同穿越角度下既有隧道最终纵向沉降曲线

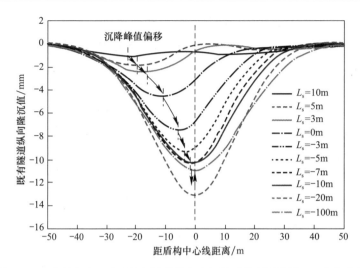

图 2.4-9　穿越角度 60°时既有隧道纵向隆沉随盾构掘进距离 L_s 变化曲线

2.5　本章小结

　　基于半无限饱和土初值解，在已有研究的基础上，进一步考虑开挖面的挤土效应、泥浆密度分布，摩擦力不均匀分布及盾尾浆液漫延的影响，盾尾注浆压力的环向填充，地层损失等因素，结合 Winkler 地基梁理论，求解了盾构穿越引起的既有隧道纵向变形。并根据影响源、传播介质及影响对象的特性，讨论了盾构穿越体系中盾构-土体-既有地铁三者的相互作用机制。

　　（1）在盾构穿越影响体系中，盾构-土体-既有隧道三者相互耦合作用并达到新的稳定状态；盾构对土体作用可分为开挖面、盾构侧壁、盾尾与工后影响；土体应力改变后产生即时的弹塑性变形，以及蠕变、固结沉降等长期变形；既有隧道使土体应力发生重分布，结构受力改变后发生纵向刚体转动和环间错台变形，横向横竖鸭蛋式椭圆变形；盾构多次穿越时，后行盾构施工引起的土体变形量与影响范围将大于先行盾构，既有隧道出现纵向沉降不对称等情况。

　　（2）随着开挖直径增大，开挖面附加推力、盾壳摩擦力、盾尾注浆压力引起既有隧道最大隆沉均呈线性增大趋势；考虑泥浆密度分布的开挖面附加推力相较于挤土效应对盾构直径变化更为敏感；土体损失对盾构直径变化最为敏感，且随着直径增大增加幅度不断变大。增加盾构直径使得既有隧道纵向沉降峰值与影响范围均增加。

　　（3）各施工因素引起既有隧道最大隆沉值随着竖向净距的增大而逐渐减小，利用 L_0/D_t 能够反映竖向净距对既有隧道隆沉的影响情况；土体损失、开挖面推力与盾壳摩擦力的影响与竖向净距近似呈线性关系；当 L_0/D_t 小于 2 时，盾尾注浆压力引起的既有隧道隆起对净距的变化尤为敏感；当净距较小时，既有隧道隆沉对竖向力抬升的敏感程度大于水平力的推挤；增大竖向净距导致既有隧道纵向隆沉从深而窄向浅而宽转变。

（4）既有隧道抗弯刚度增加，会使既有隧道沉降峰值减小，沉降槽影响范围变宽；而增加土体弹性模量不仅能抑制既有隧道沉降峰值，同时能减小沉降槽影响范围；当等效刚度增加 5 倍，既有隧道沉降峰值减小 17.1%，而当弹性模量提高 3 倍，即可使沉降峰值减小 41%；相较于提高隧道抗弯刚度，提高土体弹性模量效果更好；在实际工程中，若地基处理条件允许，则可适当避免增强既有隧道刚度，并采用合适的地基加固手段，提高地基弹性模量。

（5）盾构与既有隧道呈角度 θ（$\theta < 90°$）穿越时，既有隧道纵向沉降峰值会随刀盘与隧道相对距离 L_s 不断偏移变化。在盾构接近时，峰值向先受盾构影响的一侧偏移，随着盾构继续前进，沉降峰值逐渐靠近盾构中心线。盾构穿越完成后，既有隧道沉降槽恢复至关于盾构轴线对称的状态；随着盾构与既有隧道交角 θ 的不断减小，既有隧道沉降终值和沉降槽影响范围不断变大；当 $\theta < 60°$ 时，既有隧道沉降终值和沉降槽影响范围随角度减小显著增加；当 $\theta \geqslant 60°$ 时，沉降终值和沉降槽影响范围随角度变化不明显。

第3章　盾构下穿既有隧道变形影响效应分析

盾构隧道结构是一种由管片和螺栓相连接的多接缝结构，当新建隧道穿越既有盾构隧道时，除了整体纵向变形外，每环管片还会发生横向变形。横向变形在一定程度上能更加直观地反映结构安全状态演化过程。过大的横向变形会使既有隧道产生接头张开或挤压、发生渗漏水，引起混凝土开裂等病害，对结构稳定性与地铁运营安全造成威胁。此外，在长期运营后，地铁隧道存在一定的初始变形，在初始变形下受穿越影响的响应值得进一步探究。

本章采用 ANSYS 有限元软件对盾构穿越案例进行进一步分析，探究理论分析中难以考虑的既有隧道横向变形与内力响应情况，并结合实际盾构下穿工程案例分析施工过程中隧道竖向位移、管片变形等情况。

3.1　盾构下穿既有线影响分析概述

盾构施工过程是一个复杂的、连续的过程，按盾构施工的先后顺序可以将其分为土体开挖及掌子面支护、盾构掘进及衬砌管片拼装和盾尾空隙及壁后注浆等三个主要施工阶段，下面就这三个主要过程进行简要说明：

（1）土体开挖与开挖面支护

土压平衡盾构开挖面的稳定由下列各因素的综合作用而维持：开挖掌子面的地层的水土压力由土仓压力来平衡；理论上要求盾构开挖土方量应与螺旋输送机输出的土方量相等，故实际盾构开挖过程中，需要向土仓内添加泡沫剂，以保证开挖土体具有一定的流动性。维持土仓内的土体压力大小处于合理量值，关系到开挖面乃至地层的稳定，土仓压力过大会造成开挖面上方土体隆起，反之则会引起地层沉降。

（2）盾构推进与管片拼装

盾构机依靠千斤顶来实现主机的向前推进以及盾构机掘进速度和掘进方向的调整，向前每掘进单环管片长度后，盾构机会暂停掘进，并依次收缩中盾环向位置的千斤顶，同时利用管片拼装机在盾构机内部完成管片拼装，然后继续向前开挖掘进。盾构的掘进动力由千斤顶提供，所需的具体推力大小由盾构外壳与土体之间的摩阻力、掌子面阻力、切口环贯入阻力、尾盾内壁与管片之间的摩阻力、后方台车的牵引阻力等综合考虑后确定。盾构掘进总推力过小时，不仅会影响盾构掘进速度，还可能引起掌子面压力失衡，导致盾构开挖面及其前方地层产生较大沉陷，但当盾构总推力过大时，则会挤压前方土体而发生前移和隆起。

（3）盾尾间隙与壁后注浆

盾构管片拼装完成后，千斤顶继续推动盾构机向前掘进，刚拼好的管片会逐渐脱离盾壳保护，此时管片和土体之间少了盾壳的支撑便会产生一定的建筑间隙，这个建筑间隙就是常说的盾尾间隙。盾尾间隙的产生会造成上部土体的应力重分布及地层的不均匀沉降。为了减小盾尾间隙的不良影响，工程中通常会进行同步注浆处理，但是如果同步注浆效果不佳，则往往要进行二次注浆来平衡应力的不足。盾尾壁后注浆如图 3.1-1 所示。

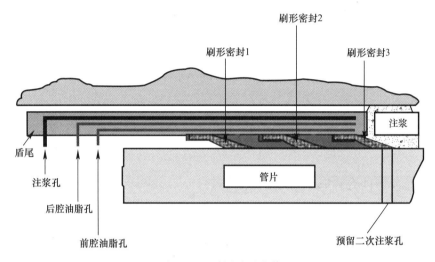

图 3.1-1　盾尾壁后注浆

同步注浆即在盾构机向前推进中管片脱离盾构机的同时，保持一定的压力，不间断地从盾尾注浆孔向管片壁后注入浆液，以达到填充盾尾间隙，控制地层沉降的目的。二次注浆则是由于同步注浆效果不好，引起盾尾后方地层变形过大或管片发生渗水等情况时，再通过管片上预留的注浆孔进行的补注浆液。若壁后注浆不及时或注浆压力、注浆量不适当，将会造成地层的下沉或隆起，因此壁后注浆是盾构施工过程中必须重点关注的方面。

盾构施工开挖过程中，周围地层会被扰动，饱和土体中的水无法排除，引起超孔隙水压力，地层的位移场和应力场将发生改变。在管片拼装和壁后注浆完成后，随着浆液的凝固，围岩和洞室基本达到一个相对稳定的状态，再经过一定的时间，超孔隙水压力慢慢消散后，围岩和洞室才达到真正意义上的固结稳定。

3.1.1　盾构下穿施工与既有地铁隧道相互作用机理

盾构施工的力学作用机理如图 3.1-2 所示。

1. 盾构下穿施工对地层和地表变形的影响

不同于天然地基下的盾构施工开挖，盾构下穿施工的初始状态是上方既有隧

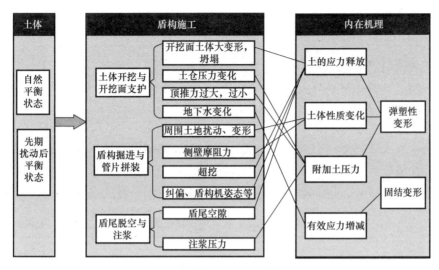

图 3.1-2 盾构施工的力学作用机理

道开挖施工完成后，围岩土层中孔隙水压力消散，被扰动的围岩经过长期的固结，逐渐再次达到的稳定状态。但是新建盾构隧道下穿施工，包括土体开挖、盾构顶进、管片拼装、盾壳脱离及壁后注浆等均会再次引起周围地层应力场和位移场的改变，地层损失和地表沉降。盾构下穿施工对地层和地表沉降变形的影响，按照盾构下穿施工阶段发生的历史过程，可分为五个阶段：

第一阶段：先行沉降，砂性土中由于地层排水固结造成；软黏土中由于开挖面土体位移或失稳造成。

第二阶段：开挖面地表沉降，由盾构对开挖面土层施加的水平支护力与地层中水压力不平衡造成。

第三阶段：盾构通过时的地表沉降，由盾构对周围地层的施工扰动以及刀盘与盾壳直径之差引起的围岩收敛变形。

第四阶段：盾尾间隙沉降，由盾尾建筑空隙造成的周围土体应力释放及位移。

第五阶段：后期沉降，由地层中受扰动土体随孔隙水压力消散而依次发生的固结沉降和次固结沉降。

2. 既有地铁隧道对盾构下穿施工的影响

既有地铁隧道的存在对新建盾构隧道下穿施工的影响主要包括以下几个方面：

（1）盾构隧道下穿施工前，既有地铁隧道的存在已使周围地层天然岩土体产生过扰动，土体应力场和位移场发生了相应的变化后又重新处于稳定状态；

（2）既有地铁隧道结构材料为高强度钢筋混凝土，其刚度远大于周围土体，将会对其周围一定范围内地层的应力场和位移场造成影响；

（3）在新建盾构隧道下穿施工过程中，既有地铁隧道的存在一方面使地层的应力场和位移场不同于天然自由场地层，另一方面，地铁列车动荷载以及相应的振动效应均会对新建盾构隧道的施工开挖产生不利的影响。

3. 盾构下穿施工对既有地铁隧道的影响

盾构下穿施工通过对周围地层的扰动进而对既有地铁隧道产生影响，在盾构掘进过程中，周围地层作用于既有地铁隧道结构上的作用力将发生改变，使得既有地铁隧道随地层变形而产生位移，既有地铁隧道的变形主要包括：隧道结构纵向发生沉降及水平位移，隧道结构发生横断面扭转、倾斜等变形，轨道结构发生整体或差异性沉降等。这些变形如果超过地铁隧道结构变形控制标准，将会威胁到既有地铁隧道结构安全及正常运营，盾构下穿施工对既有地铁隧道的影响见表 3.1-1。

盾构下穿施工对既有地铁隧道的影响　　　　　　　　　　　　　　　表 3.1-1

名称	变形	影响内容
既有地铁隧道	纵向沉降、水平侧移、轨道整体及差异沉降	线路高低不平顺，轨道整体沉降、扭曲，轨道间差异沉降，配套设备损坏
	横断面扭转、倾斜	附加内力、拼装缝过大、渗漏水、衬砌

为此，盾构下穿既有地铁隧道应满足以下要求：

（1）尽可能控制盾构下穿施工对周围地层的扰动，避免因地层变形引起既有地铁隧道结构附加应力及变形过大，保证地铁隧道结构安全；

（2）既有地铁轨道结构整体沉降在控制标准范围内，并减少轨道不均匀沉降，保证既有地铁线路的正常运营；

（3）下穿盾构机能够正常掘进，保证新建盾构隧道的安全施工。

3.1.2 考虑影响时效性的盾构下穿施工阶段划分

对于盾构下穿施工引起既有地铁隧道纵向变形影响的研究，目前主要集中在与下穿盾构轴线垂直方向的既有地铁隧道纵向变形规律的研究，这一节将在上一节对盾构下穿既有地铁隧道共同作用机理阐述上，结合工程监测实际数据，考虑时间效应，分析在盾构下穿施工的不同阶段，既有地铁隧道的变形规律。

1. 盾构下穿施工影响范围界定

随着盾构机不断向前推进，盾构进入下穿施工影响区域，盾构施工开挖开始对既有地铁隧道及其周围的地层产生较为明显的扰动，盾构工作面前方的扰动范围理论值由两类剪切破坏面控制，盾构下穿施工的影响范围包括前方纵向长度 S（盾构机掘进前方）影响区与横向宽度 W 影响区（垂直盾构机掘进轴线方向）。

（1）前方纵向长度影响区

对于盾构下穿既有地铁隧道工程，迎着盾构掘进方向引一条与水平面呈（$45°+\varphi/2$）并且与既有地铁隧道相切的剪切破坏线，以盾构机掘进中刀盘底部到达剪切破坏面位置，作为判断下穿盾构进入影响区域的标准，盾构穿越影响区示意图如图 3.1-3 所示。

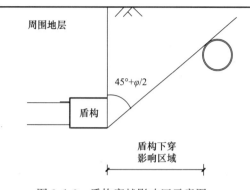

图 3.1-3　盾构穿越影响区示意图

在盾构开挖面的前方区域，开挖掌子面的支护力一般大于该位置的水土压力，前方土体呈被动压缩状态，故开挖面前方影响距离为：

$$S = (H + R) \cdot \tan(45° + \varphi/2) \tag{3-1-1}$$

（2）侧方横向宽度影响区

盾构掘进时，垂直于隧道轴线方向地面扰动宽度 W 理论值也分为两种情况，横向影响区示意图如图 3.1-4 所示。

盾构通过时，盾构挤压土体向两侧移动，地面土体扰动宽度 W 理论上限值为：

$$W = R + H\tan(45° + \varphi/2) \tag{3-1-2}$$

盾构通过后，由于盾壳脱离产生的建筑空隙，土体会向隧道中心移动，此时地面土体的扰动宽度 W 理论下限值为：

$$W = R + H\tan(45° - \varphi/2) \tag{3-1-3}$$

式中：R 为隧道外半径；H 为隧道轴线埋深；φ 为土体的内摩擦角。

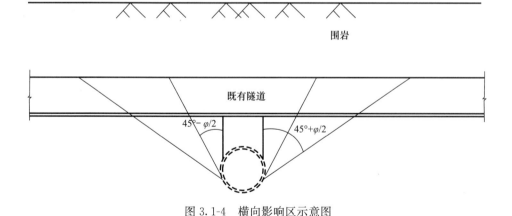

图 3.1-4　横向影响区示意图

2. 盾构下穿施工对既有地铁隧道变形影响的分阶段分析

盾构下穿施工的时间效应表现为在盾构下穿施工的不同阶段，其对周围地层的扰动和既有地铁隧道变形的影响不同。为了分析盾构下穿施工的时间效应，本章结合深圳市地铁 9 号线梅上区间盾构隧道下穿既有地铁 4 号线工程，分析了地铁 4 号线右线隧道内的自动化监测数据。图 3.1-5 为新建地铁 9 号线左线盾构下穿地铁 4 号线右线过程中，下穿断面位置既有地铁隧道结构的变形曲线，图中隧道测点布设在迎盾构下穿方向的隧道外侧腰部，轨道测点布设在隧道结构正下方列车道床外侧。

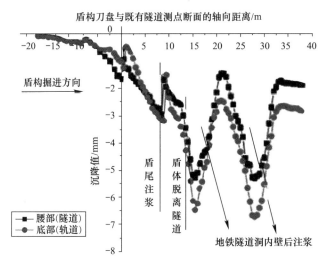

图 3.1-5　新建地铁 9 号线左线盾构下穿地铁 4 号线右线过程中，
下穿断面位置既有地铁隧道结构的变形曲线

根据图 3.1-5 盾构下穿推进中，既有地铁隧道内不同监测点的沉降变形曲线，将整个盾构下穿既有隧道的施工过程分为六个阶段：第一阶段：盾构机刀盘进入盾构下穿影响区前；第二阶段：盾构通过下穿前方影响区；第三阶段：盾体通过下穿监测断面；第四阶段：盾尾脱离既有地铁隧道；第五阶段：既有隧道洞内壁后补浆加固；第六阶段：盾构远离既有地铁隧道。盾构下穿施工典型阶段划分示意图如图 3.1-6 所示。

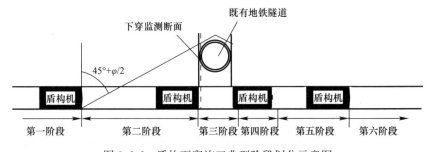

图 3.1-6　盾构下穿施工典型阶段划分示意图

表 3.1-2 和图 3.1-7 汇总了盾构下穿施工各阶段引起既有地铁隧道沉降占累

计总沉降的比例。需要说明的是在盾构下穿既有地铁隧道的第五阶段，由于施工方在夜间对既有地铁隧道结构下穿断面位置采用了壁后补浆加固土体的措施，不仅改变了隧道结构的变形趋势，还有效控制了既有地铁隧道结构后续沉降，由图3.1-8 可知，此阶段既有地铁隧道结构总体表现为上浮变形，隧道和轨道测点上浮值约为 4.1mm。以下为各阶段既有隧道竖向变形的原因及规律。

盾构下穿施工各阶段引起既有地铁隧道结构沉降比例   表 3.1-2

阶段	阶段一	阶段二	阶段三	阶段四	阶段五
隧道测点	0.2%（0.02mm）	21%（0.84mm）	27.5%（1.82mm）	49%（4.2mm）	2.5%（0.17mm）
轨道测点	0%（−0.03mm）	12.7%（0.36mm）	30%（3.81mm）	54.8%（4.97 mm）	2.5%（0.21mm）
平均值	0.10%	16.85%	28.75%	51.90%	2.50%

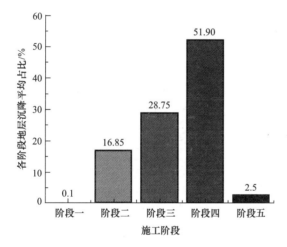

图 3.1-7   盾构下穿施工各阶段引起既有地铁隧道沉降比例

（1）第一阶段——刀盘进入盾构下穿影响区前：刀盘与测点距离大于 36.8m，当盾构机刀盘底部到达与盾构掘进轴线呈 $45°+\varphi/2$ 的剪切破坏线，即可判断盾构推进至下穿影响区，本工程新建盾构隧道埋深为 20.5m，计算可得下穿影响区边界在既有地铁隧道结构外侧边线前方 36.8m 处，而工程实例中盾构始发基坑的边线与既有地铁隧道右线结构边线仅为 19.1m，在计算下穿影响区边界以内。因而本工程实例中无需考虑这一阶段。

（2）第二阶段——盾构通过下穿前方影响区：刀盘与测点断面距离为 −19.1～0m 由于工程实例的盾构始发基坑边线与既有地铁隧道右线结构边线仅为19.1m，因此新建 9 号线左线盾构始发阶段就已进入了下穿影响区。随着盾构机向测点断面推进，既有地铁隧道沉降不断增大，其原因在于盾构机始发阶段，设定盾构千斤顶推力较小，开挖面的土仓压力小于正面水土压力，开挖面前方的土体发生沉陷，产生了地层损失，进而引起盾构前方地层中的既有地铁隧道的沉降变形。

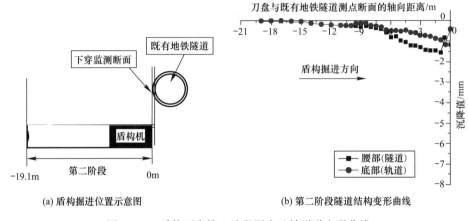

(a) 盾构掘进位置示意图　　　　(b) 第二阶段隧道结构变形曲线

图 3.1-8　盾构下穿第二阶段既有地铁隧道变形曲线

由图 3.1-8 可以看出，既有地铁隧道结构的腰部沉降要略大于底部沉降，差值在 0.5～0.8mm 之间，其原因为既有地铁隧道结构腰部的变形测点布置在隧道结构边线位置，更加靠近下穿盾构开挖面，更容易受到地层扰动的影响。新旧隧道在下穿断面位置的最小净距仅为 2.497m，当盾构机切口即将到达下穿监测断面时，盾构机的近距离推进，挤压土体向既有地铁隧道方向移动，前方的土体受盾构顶进力的挤压作用，周围土层会产生负地层损失，进而引起既有地铁隧道结构的上浮变形，其中既有地铁隧道结构腰部上浮值为 0.73mm，底部上浮值为 0.77mm。

（3）第三阶段——盾体通过下穿监测断面：刀盘与测点断面距离为 0～8m 盾体从既有地铁隧道垂直正下方通过时，由于既有地铁隧道正下方土体被开挖，地层产生向盾构开挖面方向的移动，这就相当于在既有地铁隧道下部作用一个向下的附加应力，引起既有地铁隧道随地层移动而产生沉降变形。

如图 3.1-9（b）所示，此阶段布置在既有地铁隧道结构腰部测点累计沉降值为 1.82mm，布置在既有地铁隧道结构底部测点累计沉降值为 3.81mm，轨道测点的沉降速率大于隧道测点，原因在于此时布置在既有地铁隧道结构底部测点距离下穿盾构更近，对地层变形引起的沉降更加敏感。当盾尾通过下穿断面时，盾壳脱离监测断面的同时开始向管片壁后进行同步注浆，为确保浆液具有一定的流动性，注浆压力一般要大于断面位置处水土压力 0.1～0.2MPa，因此注浆压力对周围的土体产生挤压作用，进而引起既有地铁隧道结构短时间的上浮变形，如图 3.1-9（b）所示，既有地铁隧道结构腰部的上浮值为 1.27mm、底部的上浮值为 1.68mm。

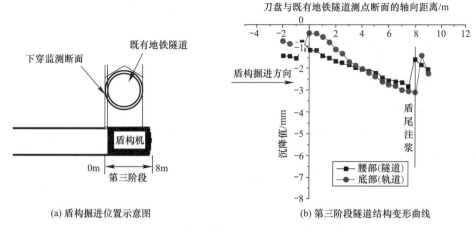

图 3.1-9　盾构下穿第三阶段既有隧道变形曲线图

（4）第四阶段——盾尾脱离既有地铁隧道：刀盘与测点断面距离 8～14m。

此阶段由盾尾进入既有地铁隧道结构外侧下穿监测断面开始，至盾体完全脱离既有地铁隧道内侧结构边线结束，由于盾尾间隙的存在以及注浆压力的消散，管片周围土体发生回弹变形，土体开始向盾尾间隙填充，既有地铁隧道结构由盾尾注浆时的上浮变形转变为快速沉降变形。如图 3.1-10（b）所示，此阶段既有地铁隧道结构发生较大沉降，隧道结构腰部测点的累计沉降值为 4.2mm，底部测点的累计沉降值为 4.97mm。结合图 3.1-10，可见盾构下穿施工过程中，既有地铁隧道结构的大部分沉降均发生在这个阶段。由于地层及既有地铁隧道结构的变形很大程度上取决于盾尾建筑空隙的填充效果，因此，在此阶段应做到及时同

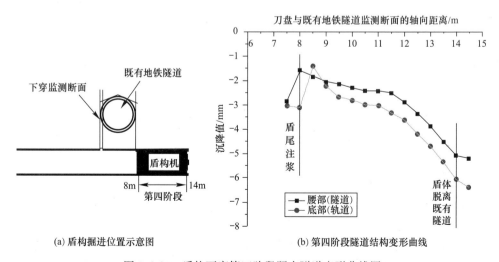

图 3.1-10　盾构下穿第四阶段既有隧道变形曲线图

步注浆，严格把控注浆压力和注浆量，以尽量减少因盾尾间隙引起的地层损失和既有地铁隧道结构的沉降变形。

（5）第五阶段——既有隧道洞内壁后补浆加固：刀盘与测点断面距离为14～31m。在上一阶段，受盾尾间隙的影响，既有地铁隧道结构产生较大幅度沉降，并触发沉降监测预警值，施工方根据既有地铁隧道洞内实时自动化监测数据，决定在夜间地铁停止运营后，对既有地铁4号线盾构隧道壁后进行多次补浆加固，补浆加固范围为盾构下穿影响区内的既有隧道管片，即根据实时自动化监测数据反馈既有地铁隧道结构变形情况，通过管片上预留的二次注浆孔向变形较大位置处隧道结构外壁周围土体内注入水泥浆液，注浆压力大于该点位置处水土压力0.02～0.05MPa，以起到加固既有隧道周围土体以及减缓隧道结构变形的作用，进而减小既有地铁隧道的沉降变形。

图3.1-11为盾构下穿第五阶段既有隧道变形曲线图，由于既有地铁隧道洞内壁后补浆直接作用于既有地铁隧道管片及周围土体，注浆压力和水泥浆液对既有地铁隧道变形将会直接产生作用，既有地铁隧道结构变形趋势由沉降变形转化为回弹上浮变形，隧道结构腰部和底部测点处的上浮值分别为3.5mm和4.0mm；但随后由于二次补浆压力的消散，隧道围岩土体产生回弹变形，加之地铁列车日常运营产生的动荷载作用和振动效应，既有地铁隧道结构再次开始沉降变形，既有地铁隧道腰部和底部测点处的沉降值分别为4mm和4.3mm，因此施工方根据需要在夜间再次进行了隧道管片壁后补浆加固，在经过夜间多次对既有地铁隧道洞内管片二次补浆加固后，既有地铁隧道结构的沉降变形得到有效控制。

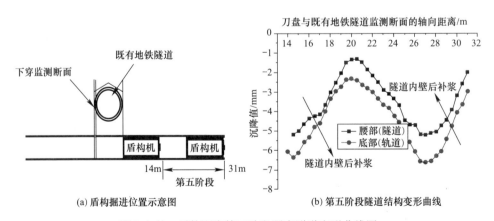

（a）盾构掘进位置示意图　　　　（b）第五阶段隧道结构变形曲线

图3.1-11　盾构下穿第五阶段既有隧道变形曲线图

（6）第六阶段——盾构远离既有地铁隧道：切口与测点断面距离在31m之后。

图3.1-12（a）为盾构掘进位置示意图，在此阶段下穿盾构已不断远离既有

地铁隧道，既有地铁隧道结构沉降速率开始放缓，加之上一阶段在既有地铁隧道内采取壁后补浆等措施，既有地铁隧道结构变形得到有效控制并逐渐趋于稳定。图 3.1-12（b）所示，稳定后的既有地铁隧道腰部和底部测点的沉降值分别为 1.8mm 和 2.7mm 左右。由于既有地铁隧道周围土体受盾构下穿施工扰动影响，土体内孔隙水压力消散尚需要一定的时间，故而既有地铁隧道结构会持续缓慢沉降变形，直至隧道周围土体再次完成固结。

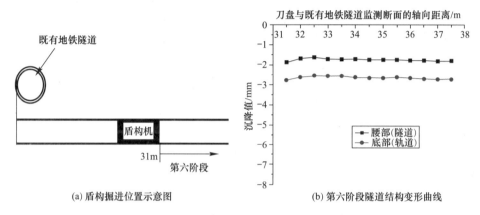

（a）盾构掘进位置示意图　　　　（b）第六阶段隧道结构变形曲线

图 3.1-12　盾构下穿第六阶段既有隧道变形曲线图

3.2　盾构穿越引起既有隧道横向附加围压

盾构隧道管片结构的外荷载种类较多，主要分为主荷载、附加荷载和特殊荷载。根据隧道全寿命周期状态的不同，这些荷载的作用组合也不同。主荷载是管片设计时必须考虑的基本荷载，是既有隧道的初始围压；附加荷载是隧道邻近工程施工中的作用荷载，是根据隧道结构特点、施工条件及周围环境考虑的荷载，是既有隧道的附加围压；特殊荷载则是考虑地层条件和隧道用途特殊性的荷载（张凤祥等，2005）。本章主要研究盾构穿越隧道管片结构的纵横向变形和受力特性，仅对附加围压进行分析，暂不考虑主荷载和特殊荷载。

3.2.1　盾构穿越引起既有隧道处土体附加应力

（1）盾构穿越引起的竖向附加应力

盾构穿越引起既有隧道处土体的附加应力可由半无限饱和土的应力解求得。前文已提出了考虑直径因素的盾构开挖面附加推力 q、盾壳摩擦力 f、盾尾注浆压力 p 以及土体损失 V_{loss} 作用引起的既有隧道土体竖向附加应力计算公式，此处不再赘述。

（2）盾构穿越引起的水平附加应力

设既有隧道土体某一点的坐标为 (x, y, z)，根据半无限饱和土应力解公式得到盾构各施工因素引起的既有隧道水平向附加应力，具体如下：

1）盾构开挖面附加推力 q 引起饱和土体水平向附加应力

对开挖面任意微元 $dA = r\,dr\,d\theta$，其所受集中力为 $dP_h = qr\,dr\,d\theta$。该作用力埋深为 $h = z_0 - r\sin\theta$，坐标系为 $x'y'z'$。

$$d\sigma_{y-q} = \frac{3qr\,dr\,d\theta(y - L_s)}{4\pi} \left\{ \frac{(y - L_s)^2}{R_1^5} \right.$$
$$+ \frac{(y - L_s)^2 - 6(z_0 - r\sin\theta)^2 + 4(z_0 - r\sin\theta)(z + z_0 - r\sin\theta)}{R_2^5}$$
$$\left. - \frac{10(y - L_s)^2(z_0 - r\sin\theta)z}{R_2^7} \right\} \tag{3-2-1}$$

式中：

$$\begin{cases} R_1 = \sqrt{(x - r\cos\theta)^2 + (y - L_s)^2 + (z - z_0 + r\sin\theta)^2} \\ R_2 = \sqrt{(x - r\cos\theta)^2 + (y - L_s)^2 + (z + z_0 - r\sin\theta)^2} \end{cases} \tag{3-2-2}$$

开挖面附加推力 q 根据盾构机的种类不同由式（3-2-1）计算。对上式积分，可得盾构开挖面附加推力 q 引起饱和土体中某一点 (x, y, z) 的水平附加应力 σ_{y-q}：

$$\sigma_{y-q} = \int_0^{2\pi} \int_0^{R_s} d\sigma_{y-q} \tag{3-2-3}$$

2）盾壳摩擦力 f 引起饱和土体水平向附加应力

盾壳表面任意微元 $dA = R_s\,ds\,d\theta$ 所受集中力为 $dP_h = fR_s\,ds\,d\theta$，该作用力埋深为 $h = z_0 - R_s\sin\theta$，坐标系为 $x'y'z'$。坐标系变换同式（2-3-11）：

将式（2-3-11）代入式（2-3-3）得：

$$d\sigma_{y-f} = \frac{3fR_s(y - L_s - s)\,ds\,d\theta}{4\pi} \left\{ \frac{(y - L_s - s)^2}{R_1^5} \right.$$
$$+ \frac{(y - L_s - s)^2 - 6(z_0 - R_s\sin\theta)^2 + 4(z_0 - R_s\sin\theta)(z + z_0 - R_s\sin\theta)}{R_2^5}$$
$$\left. - \frac{10(y - L_s - s)^2(z_0 - R_s\sin\theta)z}{R_2^7} \right\} \tag{3-2-4}$$

式中：

$$\begin{cases} R_1 = \sqrt{(x - R_s\cos\theta)^2 + (y - L_s - s)^2 + (z - z_0 + R_s\sin\theta)^2} \\ R_2 = \sqrt{(x - R_s\cos\theta)^2 + (y - L_s - s)^2 + (z + z_0 - R_s\sin\theta)^2} \end{cases} \tag{3-2-5}$$

对上式积分，可得盾壳摩擦力 f 引起饱和土体中某一点 (x, y, z) 的水平向附加应力 σ_{y-f}：

$$\sigma_{y-f} = \int_0^{2\pi} \int_0^{L-l} d\sigma_{y-f} + \lambda \int_0^{2\pi} \int_{L-l}^{L} d\sigma_{y-f} \tag{3-2-6}$$

式中：λ 为考虑浆液漫延效应的摩擦力折减系数，取 0.5；l 为浆液漫延长度，根据 Bezuijen（2007）的研究，可取为 2.2m。

3）盾尾注浆压力 p 引起饱和土体水平向附加应力

对盾尾注浆处任意微元 $dA = R_s ds d\theta$，其所受集中力为 $dP = PR_s ds d\theta$，该作用力埋深为 $h = z_0 - R_s \sin\theta$，坐标系为 $x'y'z'$。将其分解为竖向分力 $dP_v = -PR_s \sin\theta ds d\theta$ 和水平分力 $dP_h = PR_s \cos\theta ds d\theta$。

将式（2-3-15）代入式（2-3-3）得，竖向分力引起（x, y, z）点的水平向附加应力：

$$d\sigma_{y-P_v} = \frac{3PR_s \sin\theta ds d\theta}{4\pi} \left\{ \frac{(y - L_s - L - s)^2(z - z_0 + R_s \sin\theta)}{R_1^5} \right.$$
$$+ \frac{(y - L_s - L - s)^2(z - z_0 + R_s \sin\theta) + 2(z_0 - R_s \sin\theta)^2(z + z_0 - R_s \sin\theta)}{R_2^5}$$
$$\left. + \frac{10(y - L_s - L - s)^2(z_0 - R_s \sin\theta)z(z + z_0 - R_s \sin\theta)}{R_2^7} \right\} \tag{3-2-7}$$

水平分力引起的水平向附加应力：

$$d\sigma_{y-P_h} = -\frac{3PR_s \cos\theta ds d\theta (x - R_s \cos\theta)}{4\pi} \left\{ \frac{(y - L_s - L - s)^2}{R_1^5} \right.$$
$$\left. + \frac{(y - L_s - L - s)^2 - 2(z_0 - R_s \sin\theta)^2}{R_2^5} - \frac{10(y - L_s - L - s)^2(z_0 - R_s \sin\theta)z}{R_2^7} \right\} \tag{3-2-8}$$

式中：

$$\begin{cases} R_1 = \sqrt{(x - R_s \cos\theta)^2 + (y - L_s - L - s)^2 + (z - z_0 + R_s \sin\theta)^2} \\ R_2 = \sqrt{(x - R_s \cos\theta)^2 + (y - L_s - L - s)^2 + (z + z_0 - R_s \sin\theta)^2} \end{cases} \tag{3-2-9}$$

对上式积分，可分别求得注浆压力的竖向分力和水平分力引起饱和土体中某一点（x, y, z）的水平向附加应力 σ_{y-P_v} 和 σ_{y-P_h}：

$$\sigma_{y-P_v} = \int_0^{\frac{\pi}{4}} \int_0^m d\sigma_{y-P_{v2}} + \int_{\frac{\pi}{4}}^{\frac{3\pi}{4}} \int_0^m d\sigma_{y-P_{v1}} + \int_{\frac{3\pi}{4}}^{\frac{5\pi}{4}} \int_0^m d\sigma_{y-P_{v2}} + \int_{\frac{5\pi}{4}}^{\frac{7\pi}{4}} \int_0^m d\sigma_{y-P_{v3}} + \int_{\frac{7\pi}{4}}^{2\pi} \int_0^m d\sigma_{y-P_{v2}} \tag{3-2-10}$$

$$\sigma_{y-P_h} = \int_0^{\frac{\pi}{4}} \int_0^m d\sigma_{y-P_{h2}} + \int_{\frac{\pi}{4}}^{\frac{3\pi}{4}} \int_0^m d\sigma_{y-P_{h1}} + \int_{\frac{3\pi}{4}}^{\frac{5\pi}{4}} \int_0^m d\sigma_{y-P_{h2}} + \int_{\frac{5\pi}{4}}^{\frac{7\pi}{4}} \int_0^m d\sigma_{y-P_{h3}} + \int_{\frac{7\pi}{4}}^{2\pi} \int_0^m d\sigma_{y-P_{h2}} \tag{3-2-11}$$

4）土体损失引起土体水平附加应力

魏纲（2010）推导的土体损失三维解未给出土体沿盾构轴向（y 方向）的变

形，本章在计算土体损失引起土体水平向位移时，采用齐静静等（2009）基于随机介质理论得到的三维解，该解假定土体为椭圆形非等量径向移动、隧道落到土体边界底部的模式与魏纲解一致。土体损失引起土体中某一点（x，y，z）的水平向位移为：

$$U_y = -\int_a^b \int_c^d \int_{-\infty}^0 \frac{(-y+L_s-\xi)\tan^2\beta_z}{(\eta-z)^3} \exp\left\{-\frac{\pi\tan^2\beta_z}{(\eta-z)^2}\left[(-y+L_s-\xi)^2+(x-\zeta)^2\right]\right\} d\xi d\zeta d\eta$$

$$+\int_e^f \int_m^n \int_{-\infty}^0 \frac{(-y+L_s-\xi)\tan^2\beta_z}{(\eta-z)^3} \exp\left\{-\frac{\pi\tan^2\beta_z}{(\eta-z)^2}\left[(-y+L_s-\xi)^2+(x-\zeta)^2\right]\right\} d\xi d\zeta d\eta$$

$$(3-2-12)$$

式中：

$$\tan\beta_z = \frac{z_0-z}{\sqrt{2\pi}R_s(z_0/2R_s)^n(1-z/z_0)^{0.3}} \tag{3-2-13}$$

$$g = 2R_s(1-\sqrt{1-\varepsilon_s}) \tag{3-2-14}$$

式中：$a=z_0-R_s$；$b=z_0+R_s$；$c=-\sqrt{R_s^2-(\eta-z_0)^2}$；$d=\sqrt{R_s^2-(\eta-z_0)^2}$；$m=-\sqrt{(R_s^2-g/2)^2-(\eta-z_0-g/2)^2}$；$n=\sqrt{(R_s^2-g/2)^2-(\eta-z_0-g/2)^2}$；$e=z_0-R_s+g$；$f=z_0+R_s$；$\beta_z$ 为主要影响角，$n=0.8\sim1.0$，土越软，n 越大；ε_s 为土体损失率。

得到土体损失引起的水平向附加应力 σ_{y-s} 为：

$$\sigma_{y-s} = kU_y \tag{3-2-15}$$

式中：k 为地基基床系数。

5）盾构穿越施工引起土体总水平附加应力

将前述盾构开挖面附加推力、盾壳摩擦力、盾尾注浆压力以及土体损失引起的饱和土体附加应力相叠加，得到盾构穿越施工阶段引起饱和土体任一点的水平附加应力：

$$\sigma_y = \sigma_{y-q} + \sigma_{y-f} + \sigma_{y-P_v} + \sigma_{y-P_h} + \sigma_{y-s} \tag{3-2-16}$$

（3）考虑隧道存在影响的附加围压计算

然而，上述基于饱和土解积分计算的附加应力是在不考虑既有隧道存在影响的前提下，假定土体为各向同性、均质连续半无限空间所得到的结果。显然，这忽视了既有隧道存在对盾构穿越时附加应力场的影响。廖少明等（2005）认为既有隧道刚度远大于周围土体，将既有隧道视作弹性地基梁，可对土压力起到一个承担、分散的作用。通过假定既有隧道控制变形，最终得到了弹性地基梁作用下既有隧道附加应力的折减公式：

$$\Delta\sigma_y = \frac{\delta BE}{2\pi(1-v^2)}\left[\frac{1}{x^2-(B/2)^2}\right] \tag{3-2-17}$$

式中：B 为隧道穿越段横向宽度；v 为土体泊松比。

3.2.2 盾构穿越引起既有隧道环向围压

为便于研究，本章认为盾构穿越引起的既有隧道附加荷载分布在隧道管片环向，分为四个部分，盾构穿越引起的既有隧道环向围压分布如图 3.2-1 所示，其中，既有隧道上部的竖向附加荷载应考虑隧道刚度作用予以折减。因此，各方向的附加荷载分布可由式（3-2-18）进行计算［其中：θ 为隧道管片上某一点的角度（rad），以拱顶为 0，沿顺时针方向增大］：

$$
\begin{cases}
P'_z(r,\theta)=\zeta\sigma'_z(r,\theta) & 0\leqslant\theta<\dfrac{\pi}{2},\dfrac{3\pi}{2}\leqslant\theta<2\pi \\[2mm]
P'_y(r,\theta)=\sigma'_y(r,\theta) & 0\leqslant\theta<\pi \\[2mm]
P''_y(r,\theta)=\sigma''_y(r,\theta) & \pi\leqslant\theta<2\pi \\[2mm]
P''_z(r,\theta)=\sigma''_z(r,\theta) & \dfrac{\pi}{2}\leqslant\theta<\dfrac{3\pi}{2}
\end{cases}
\tag{3-2-18}
$$

式中：ζ 为考虑既有隧道刚度作用的压力折减系数，根据廖少明等（2005）提出的隧道刚度作用理论，ζ 可取 0.75。

综上，根据各方向的附加荷载分布，可以得到隧道管片的环向附加围压计算公式为：

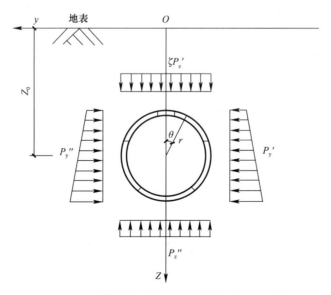

图 3.2-1　盾构穿越引起的既有隧道环向围压分布

$$P_r(r,\theta) = \begin{cases} P'_z(r,\theta)\cos\theta + P'_y(r,\theta)\sin\theta & 0 \leqslant \theta < \dfrac{\pi}{2} \\[2mm] P''_z(r,\theta)\cos\theta + P'_y(r,\theta)\sin\theta & \dfrac{\pi}{2} \leqslant \theta < \pi \\[2mm] P''_z(r,\theta)\cos\theta + P''_y(r,\theta)\sin\theta & \pi \leqslant \theta < \dfrac{3\pi}{2} \\[2mm] P''_z(r,\theta)\cos\theta + P'_y(r,\theta)\sin\theta & \dfrac{3\pi}{2} \leqslant \theta < 2\pi \end{cases}$$ (3-2-19)

P_z、P_y 正负号规定与坐标轴正向同向为正，P_r 朝向圆心为正。

3.3 有限元模型

3.3.1 模型概况

盾构隧道管片是由分片式管片通过螺栓连接组装而成的管片衬砌结构，整环的隧道管片结构一般采用 3＋2＋1 的分块方式错缝拼接，包括 1 块封顶块 F，圆心角为 20°，2 块邻接块 L1、L2，圆心角均为 68.75°，3 块标准块 B1、B2、B3，圆心角均为 67.5°。管片内径 5.5m，外径 6.2m，管片厚 0.35m，环宽 1.2m，典型结构如图 3.3-1（a）所示。管片混凝土强度等级为 C50，抗渗等级 P10。环向管片间用 12 个 M30 螺栓连接，纵向管片环间用 17 个 M30 螺栓连接。

盾构隧道管片结构存在着不连续的接头或接缝，整体可看作是圆柱壳结构。本章管片结构的计算模型采用壳-弹簧模型［图 3.3-1（b）］，管片为三维有限

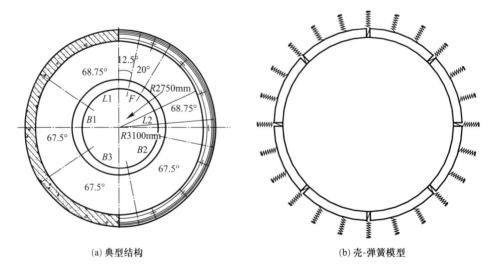

(a) 典型结构　　　　　　　　　　　　　　(b) 壳-弹簧模型

图 3.3-1　管片结构

壳单元，管片分块之间以及管片环与环之间的接头为接头单元，以模拟管片结构的不连续性（朱伟等，2006）。管片衬砌利用转动弹簧单元拼接成环，以模拟管片环向分块接头之间的转动效应（朱磊，2017）。环向接头弹簧单元沿管片的纵缝布置在相关节点对上，各组节点对之间允许有较小的间隙。参考晏启祥等（2018）、魏纲等（2020）的研究，管片环向接头转动刚度取 100MN·m/rad。图 3.3-2 为模型网格划分图。

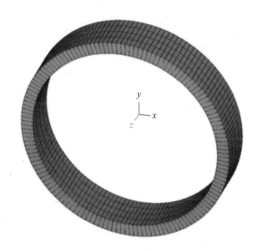

图 3.3-2　模型网格划分图

3.3.2　材料参数

　　管片结构一般采用钢筋混凝土材料制作，为了简化模型，本文仅考虑了混凝土材料特性。由于材料的非线性效应，采用 Hongnes-tad 本构模型（徐国文等，2016），应力-应变曲线的上升段为二次曲线，下降段为斜直线，为便于稳定计算，本章将下降段修正为平直段进行简化考虑。材料的应力-应变关系见图 3.3-3，应力-应变关系式如式（3-3-1）所示。

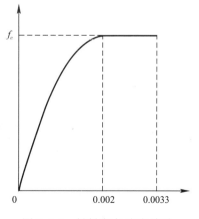

图 3.3-3　材料应力-应变关系

$$\sigma = \begin{cases} f_c\left[2\dfrac{\varepsilon}{\varepsilon_0} - \left(\dfrac{\varepsilon}{\varepsilon_0}\right)^2\right], & \varepsilon \leqslant \varepsilon_0 \\ f_c, & \varepsilon_0 \leqslant \varepsilon \leqslant \varepsilon_u \end{cases} \quad (3\text{-}3\text{-}1)$$

式中：f_c 为峰值压应力，$\varepsilon_0 = 0.002$ 为峰值压应力对应的压应变，$\varepsilon_u = 0.0033$ 为极限压应变。

　　根据《混凝土结构设计规范》GB 50010—2010 等相关资料可以得到混凝土

材料的计算参数，主要物理力学参数如表 3.3-1 所示。

管片材料力学参数 表 3.3-1

材料	重度 γ/kN/m³	泊松比 μ	单轴抗压强度 f_c/MPa	单轴抗拉强度 f_t/MPa	初始切线模量 E_c/MPa
C50 混凝土	25.00	0.20	23.10	1.89	2.1945×10^4

3.3.3 接触边界设置

盾构隧道的每环管片由若干块管片组成，壳-弹簧模型中，采用不同的弹簧连接方式对管片分块之间的连接进行等效处理，能较好地模拟结构的力学效应。管片分块之间利用转动弹簧单元连接，模拟接头的转动效应。

隧道管片结构是埋置于地层中的一种结构，不能单纯按独立结构进行分析，必须要考虑地层与结构之间的相互作用。因此，管片环与周围岩体、土体之间的作用采用地层接触弹簧模拟。以弹簧单元的径向力和切向力来模拟地层在隧道管片上的作用力，并认为土体抗力亦即土弹簧力与地层的位移成正比，该比例因子即为土体抗力系数。弹簧的刚度可根据地层勘察资料和试验确定，调整弹簧刚度可以控制力的大小。土体抗力作用采用双向接地弹簧单元来模拟，在模型中弹簧单元的布置有四种方式（黄正荣，2007），地基弹簧的布置如表 3.3-2 所示。

地基弹簧的布置 表 3.3-2

模型	弹簧设置范围	抗力方向	弹簧受力
1	全周	径向	拉、压
2	拱顶 90°不设	径向和切向	拉、压
3	拱顶 90°不设	径向	拉、压
4	取决于位移	径向	不抗拉

Duddeck 等（1985）认为，对于浅埋隧道（$z \leqslant 6Rt$，z 为隧道中心点埋深，Rt 为隧道半径），拱顶处不应考虑由于土拱效应而造成的土压力减小，因此拱顶 90°范围内不应设弹簧；但对于深埋隧道（$z > 6Rt$），则应考虑土拱效应。当考虑土拱效应时，认为弹簧既可受压也可受拉，否则认为弹簧仅受压。朱合华和陶履彬（1998）利用有限元法和弹性地基梁模型计算分析了埋深为 16.8m 的隧道，通过结果对比分析后认为全周拉压地层弹簧模型更为接近有限元计算结果和实际结果。因此，基于工程背景，本模型全周设置径向拉压弹簧，如图 3.3-4 所示。

为了防止模型由于单元、施加荷载、边界条件等非完全对称而发生异常的刚体转动，在模型的纵向方向施加约束（图 3.3-5），约束隧道纵向方向（z 方向）的位移。

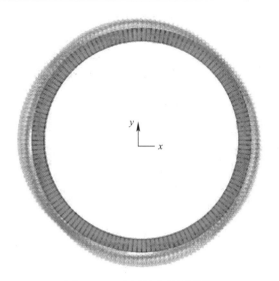

图 3.3-4　全周径向拉压弹簧

图 3.3-5　纵向方向施加约束

3.4　穿越影响下隧道管片横向变形及内力分析

本节以某下穿工程为例，计算盾构穿越引起既有隧道横向变形及内力变化情况，管片环向接头转动刚度取 100MN·m/rad；土体弹簧刚度与土体抗力系数相等，本案例土体抗力系数可取为 1500kPa/m（王如路和张冬梅，2013）。取既有隧道管片环中心位于 $(0,0,z_0)$ 的管片作为研究对象，并假定隧道沿 x 方向无限长，仅发生沿横向（即 y 向与 z 向）的变形，不考虑沿既有隧道纵向（即 x 向）的变形。

3.4.1 附加围压

盾构穿越引起既有隧道环向附加围压分布情况如图 3.4-1 所示。其中，围压方向径向内为正；L_s 为盾构机刀盘与既有隧道轴线的水平距离，盾构未穿越时为正。可以看到，当盾构接近时，由于开挖面附加推力和盾壳摩擦力影响，既有隧道 0°~180° 范围受到向外推挤作用，210°~240° 区域受到向内挤压作用，围压呈现"蚕豆"形变化，最大附加围压为 12.6kPa。盾构开挖面越过既有隧道轴线后，围压曲线整体向逆时针方向旋转，隧道拱底处受到向盾尾拉伸的作用，围压绝对值迅速增加。当盾尾经过既有隧道时，由于注浆压力顶升作用，拱底处的拉伸围压有减小的趋势。随着盾构远离，围压曲线形状逐渐恢复至偏圆形，而围压绝对值进一步增大。整个过程中，作用于隧道衬砌下半部分的附加围压绝对值大于上半部分，这与盾构与既有隧道的相对位置有关。最大附加围压出现在盾构机刀盘通过 20m 后、衬砌的 195° 处，达到了 -20.1kPa。

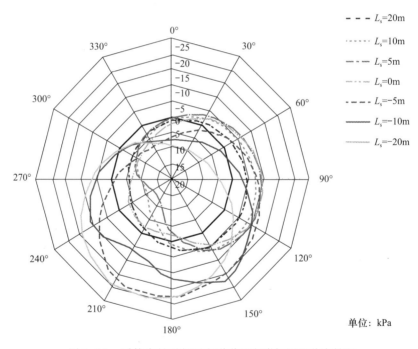

图 3.4-1 盾构穿越引起既有隧道环向附加围压分布情况

3.4.2 既有隧道横向变形

图 3.4-2 给出了盾构穿越至 L_s=5m 和 L_s=-20m 两个典型断面时既有隧道横向变形云图，由图 3.4-2 可知，当盾构机刀盘接近既有隧道时，既有隧道发生

向前方倾斜的位移，以水平位移为主。由于"蚕豆"形附加围压作用，隧道左下部分发生了向内的抬升，而右下部分则被向前推移，隧道断面整体呈现"横椭圆"式的横向变形，并发生了逆时针的旋转。隧道最大水平位移发生在 160°处，达到 8.7mm。当盾构穿越完成、远离既有隧道后，隧道在围压作用下整体向左后方沉降。由于隧道衬砌下半部分所受向下的围压大于上半部分，既有隧道发生了竖向的拉伸，呈现"竖椭圆"式的横向变形。此时，盾壳摩擦与盾尾注浆的附加影响还未完全消散，既有隧道右下部分被推向盾构掘进的反向，发生了一定程度的顺时针旋转。隧道最大沉降发生在右拱腰处，达到 11.4mm。

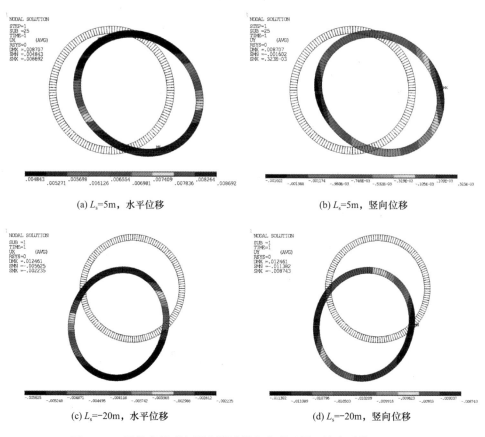

(a) L_s=5m，水平位移　　　　　　　(b) L_s=5m，竖向位移

(c) L_s=−20m，水平位移　　　　　　(d) L_s=−20m，竖向位移

图 3.4-2　盾构穿越引起既有隧道横向变形云图（放大系数 k＝200）

盾构穿越过程中既有隧道横向变形如图 3.4-3 所示。隧道横向变形由环向附加围压的形式决定，盾构接近既有隧道时，引起隧道发生与盾构掘进同向的水平位移，而对隧道的竖向位移影响不大；盾构开挖面越过既有隧道后，隧道水平位移恢复并发生与盾构掘进反向的位移，且迅速沉降；整个穿越过程既有隧道位移呈现"7"字形变化。此外，当盾构开挖面与既有隧道处于不同相对位置时，既

有隧道出现了不同程度的扭转和收敛变形，这说明了盾构穿越对既有隧道的影响具有很强的动态空间特性。

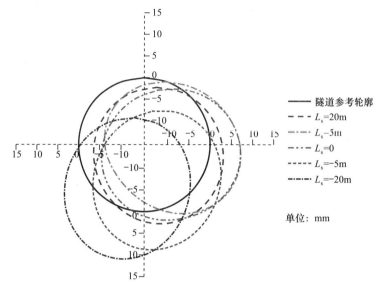

图 3.4-3　盾构穿越过程中既有隧道横向变形（放大系数 $k = 200$）

3.4.3　既有隧道内力变化

图 3.4-4～图 3.4-6 显示了盾构穿越过程中既有隧道环向弯矩分布、环向剪力分布及环向轴力分布的变化，内力正负号规定如下：（1）弯矩使衬砌外侧受拉

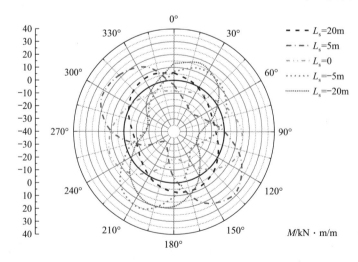

图 3.4-4　盾构穿越引起既有隧道环向弯矩分布

为正，内侧受拉为负；（2）轴力使衬砌沿环向受拉为正，受压为负；（3）剪力以顺时针为正，逆时针为负。以 $L_s=5$m 工况为例，盾构接近引起既有隧道环向弯矩分布大致关于 $120°/300°$ 轴和 $30°/210°$ 轴对称，呈"8"字形分布。最大负弯矩出现在 $210°$ 处，为 -29.8kN·m/m，最大正弯矩在 $135°$ 处，达到 28.5kN·m/m。盾构穿越引起拱底处的负弯矩要略大于拱顶处。结合图 3.4-4，既有隧道在负弯矩处发生了压缩、在正弯矩处发生了拉伸变形。随着盾构不断向前掘进，既有隧道环向弯矩大小变化不大，其分布出现了逆时针的旋转，最小弯矩处的对称轴始终指向盾构开挖面和盾尾注浆的位置，既有隧道变形的拉伸（或压缩）轴也产生了相应的旋转。

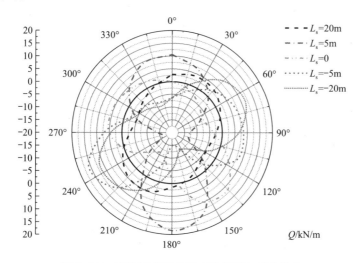

图 3.4-5　盾构穿越引起既有隧道环向剪力分布

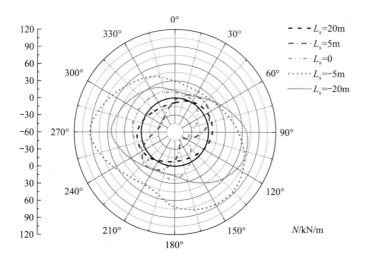

图 3.4-6　盾构穿越引起既有隧道环向轴力分布

既有隧道剪力的分布与弯矩相类似，剪力的最值位于环向弯矩变化最大处，约位于弯矩为零的附近。环向最大剪力出现在 $L_s=5m$、拱底 180° 的位置，为 18.5kN/m。既有隧道轴力对盾构位置较为敏感。当 $L_s=5m$ 时，既有隧道拱腰 120° 和 300° 处轴力处于环向压缩的状态，最小值为 −43.7kN/m。在盾构越过既有隧道后，由于隧道整体发生向下的位移，既有隧道环向轴力大幅增加，最大发生在 $L_s=−5m$ 时，在拱腰 270° 变形拉伸处达到了 91.5kN/m。

3.4.4　既有隧道收敛变形

在盾构穿越过程中，既有隧道发生了径向的拉伸与压缩变形。取 90° 和 270° 两点的横向位移差作为水平收敛值，取 0° 和 180° 两点的竖向位移差作为竖向收敛值，规定既有隧道发生水平向拉伸、竖向压缩的收敛变形为正值，既有隧道发生水平向压缩、竖向拉伸的收敛变形为负值。盾构穿越引起既有隧道收敛变形情况如图 3.4-7 所示。盾构穿越前，既有隧道呈水平压缩、竖向拉伸的竖椭圆变形；随着开挖面接近，既有隧道转变为水平拉伸、竖向压缩的横椭圆，并在开挖面距离既有隧道轴线 0.07L 处达到最大，为 1.4mm；盾构机在正下方穿越过程中，既有隧道收敛变形出现波动，盾壳中部位于既有隧道轴线正下方时，隧道呈竖椭圆形，而在盾尾通过时，既有隧道又被挤压至横椭圆。盾构远离后，在围压作用下，既有隧道最终向竖椭圆发展，最大收敛位移达到 −1.6mm。

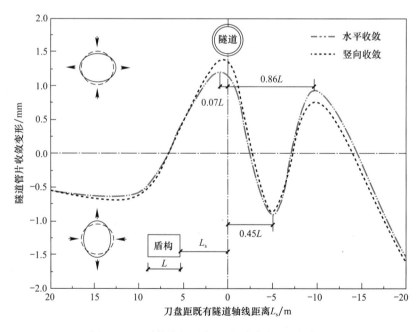

图 3.4-7　盾构穿越引起既有隧道收敛变形情况

3.4.5　既有隧道扭转变形

根据前述分析可知，盾构穿越既有隧道过程不仅会引起既有隧道横向位移，还会引起隧道的扭转变形。为了进一步研究既有隧道扭转特性，本章利用 Lin 等（2019）定义的扭转指数来反映既有隧道扭转变形随盾构穿越的变化情况，旋转指数示意图如图 3.4-8 所示，将位于既有隧道 0°、90°、180°和 270°的四个点指定为参考点，定义横向扭转指数 w_1 和竖向扭转指数 w_2 为：

$$\begin{cases} w_1 = \tan\alpha_1 = \dfrac{u_{y1} - u_{y2}}{D_t} \\[2mm] w_2 = \tan\alpha_2 = \dfrac{u_{z2} - u_{z1}}{D_t} \end{cases} \tag{3-4-1}$$

式中：α 为既有隧道扭转角，u_{y1}、u_{y2} 分别为既有隧道拱顶和拱底两点的水平位移；u_{z1}、u_{z2} 分别为既有隧道右侧、左侧拱腰两点的竖向位移；D_t 为既有隧道直径。

图 3.4-9 为盾构穿越过程中既有隧道扭转指数的变化情况。规定既有隧道顺时针扭转时扭转指数为正，逆时针扭转时扭转指数为负。可以看到，盾构接近既有隧道时，既有隧道发生轻微的逆时针扭转并缓慢增加；当开挖面距离既有隧道约 6m 时，既有隧道逆时针扭转迅速发展；刀盘行进至既有隧道轴线正下方时，扭转达到最大；盾构通过后，既有隧道逆时针扭转逐渐回摆；开挖面远离至 $0.58L$，即盾构

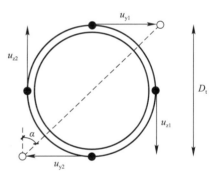

图 3.4-8　旋转指数示意图（Lin 等，2019）

机机身中点恰好位于既有隧道轴线下方时，既有隧道扭转回摆至 0°为扭转交界点，此后进一步向顺时针方向扭转；开挖面远离至 $1.0L$，即盾尾恰好通过既有隧道轴线时，逆时针扭转达到最大；随着盾构远离，扭转变形逐渐恢复。由穿越引起的既有隧道的扭转指数范围为 $-1.0\times10^{-3}\sim9.4\times10^{-4}$。横向扭转指数与竖向扭转指数趋势相同，大小相近，表明既有隧道在横向和竖向的扭转具有一致性。既有隧道的较大扭转变形可能引起结构发生渗水，环间纵向螺栓错开，道床与轨道脱开等病害，对地铁的安全运行构成威胁，目前，已有较多研究针对隧道不均匀沉降、管片接缝张开、环间错台等变形（魏纲等，2018b；金大龙，2018b），《城市轨道交通结构安全保护技术规范》CJJ/T202—2013 也大多针对上述指标进行规定，少有对既有隧道扭转的关注与规定。设计人员和施工人员应注意穿越工程中既有隧道扭转变形。

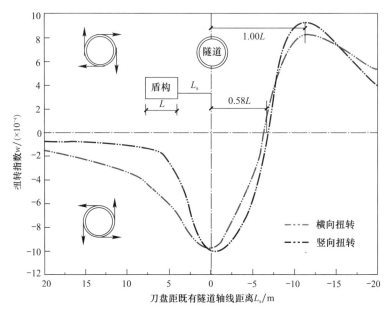

图 3.4-9 盾构穿越过程中既有隧道扭转指数的变化情况

3.5 杭州地铁 2 号线下穿地铁 1 号线案例分析

3.5.1 工程概况

凤起路地铁站位于杭州市中心地区延安路与凤起路交叉路口地下，与凤起路-延安路过街通道相连接。按照规划，凤起路站为地铁 2 号线与地铁 1 号线的换乘站，地铁 2 号线与地铁 1 号线在此处交叠，交叠段的平面图与剖面图如图 3.5-1、图 3.5-2 所示。既有隧道为杭州地铁 1 号线凤起路～武林广场区间，是南北走向的单圆双线隧道，两隧道间距从北至南略微增加，大致为 10.7m。隧道采用预制钢筋混凝土管片结构，管片外径与内径分别为 6.2m 与 5.5 m，单环宽为 1.2 m，埋深约为 9m。地铁 1 号线于 2012 年底开始运营。

新建隧道杭州地铁 2 号线凤起路～中河路区间为东西走向，采用单圆双线水平平行的盾构隧道，间距为 9.8m，穿越段埋深约为 18m，与既有地铁交叉角度为 83°，最小竖向净距仅为 2.6m。地铁 2 号线下行线 4 月 11 日从凤起路站始发，于 2016 年 4 月 19 日～4 月 26 日首次下穿地铁 1 号线，穿越段环号为 11～30 环，在穿越前需磨穿凤起路 F 通道素混凝土墙。上行线从中河路站始发，于 5 月 9 日～5 月 16 日第二次下穿地铁 1 号线，穿越段环号为 643～662 环。该区间使用两台直径为 6340mm 日本三菱土压平衡盾构机施工，隧道结构、管片内外径及宽度等

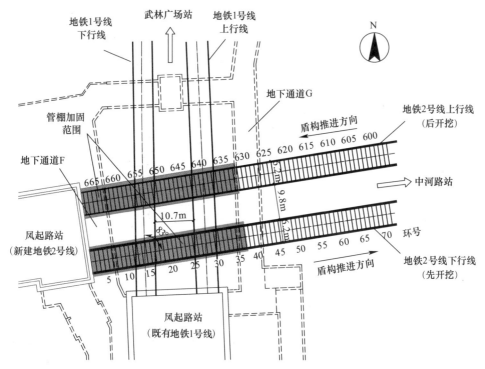

图 3.5-1 凤起路站地铁 2 号线穿越地铁 1 号线相对位置关系平面图

均与地铁 1 号线相一致。管片之间采用高强度螺栓连接，接缝处采用三元乙丙橡胶密封条防水。

穿越段属海陆交互相沉积区，第四系地层厚度为 40m 左右，场地浅表层分布有厚 0.7～5.0m 不等的填土，其下 20m 左右以软黏性土为主。地铁 1 号线主要位于④₁ 淤泥质黏土层及④₂ 淤泥质粉质黏土夹粉土层，地铁 2 号线穿越地层主要为④₄ 淤泥质粉质黏土层及⑤₂ 粉质黏土层，各土层的物理力学性质参数如表 3.5-1 所示。

穿越段地层物理力学参数表 表 3.5-1

层号	土层名称	密度 $\gamma/\mathrm{kN/m^3}$	含水量 $w/\%$	塑限 $W_p/\%$	黏聚力 c/kPa	内摩擦角 $\varphi/°$
②₁	粉质黏土	18.6	31.8	24.3	21.5	11.3
②₂	黏质粉土	18.6	—	—	6.0	20.0
④₁	淤泥质黏土	18.0	50.8	30.4	13.0	9.5
④₂	淤泥质粉质黏土夹粉土	18.1	34.5	21.4	14.0	10.0
④₄	淤泥质粉质黏土	17.4	41.3	25.5	13.0	9.0
⑤₂	粉质黏土	19.3	31.2	25.2	30.0	14.0
⑦₂	粉质黏土	18.5	30.3	24.2	31.3	16.3

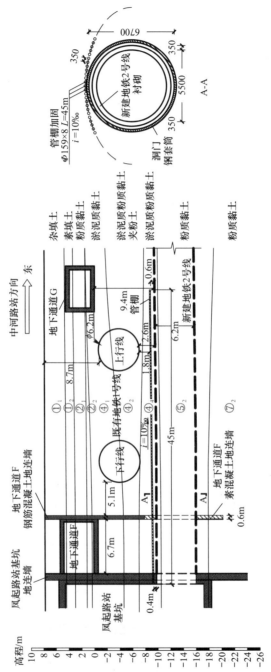

图 3.5-2　凤起路站地铁 2 号线穿越地铁 1 号线相对位置关系剖面图

3.5.2　施工监测

　　为反映盾构穿越过程对地铁 1 号线的影响情况，本工程制定了详细的监测计划。监测内容主要涉及隧道道床沉降、水平位移、隧道收敛位移及车站道床沉降。地铁 1 号线监测断面布置图如图 3.5-3 所示，在地铁 1 号线上下行线 150m 监测范围内分别布置 24 个隧道监测断面（编号 7~30）与 6 个车站监测断面（编号 1~6），监测断面标签第一个字母"U"和"D"分别表示地铁 1 号线的上行线和下行线。穿越主要影响范围内监测断面间距为 3.6m，主要影响范围以外间距为 6m 或 12m。每个隧道监测断面设置了 5 个监测点，其中隧道道床上的测点 P1、P2 同时用于测量地铁 1 号线道床的沉降和水平位移，拱腰上的 P3、P4 用于测量隧道水平收敛，P1、P5 用于测量隧道竖向收敛。车站监测断面则在轨道道

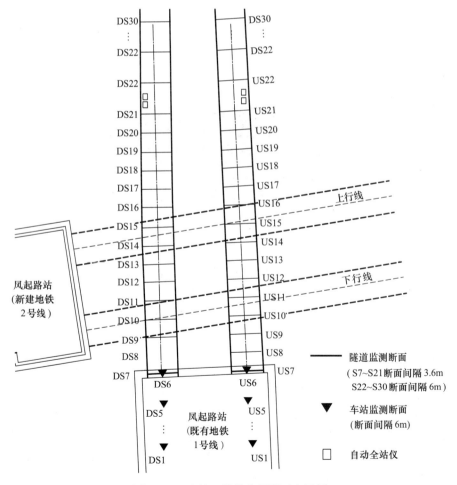

图 3.5-3　地铁 1 号线监测断面布置图

床上安装一个监测点 P1 用于监测车站内道床的沉降。测点用由 Leica TS30 自动全站仪和配套反射棱镜组成的自动化测量系统进行监测，既有隧道监测断面及测点布置如图 3.5-4 所示。为了研究盾构穿越引起既有地铁 1 号线的变形，既有地铁监测数据从 4 月 5 日开始记录。

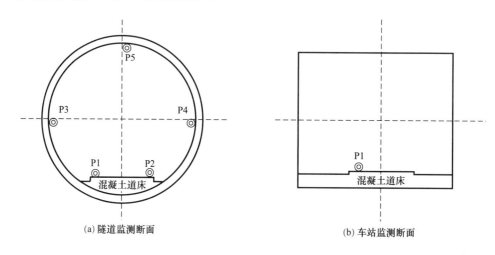

(a) 隧道监测断面　　　　　　　　　(b) 车站监测断面

(c) 莱卡Leica TS30自动全站仪监测系统

图 3.5-4　既有隧道监测断面及测点布置

3.5.3　数据分析

（1）盾构穿越过程中既有地铁 1 号线隆沉

图 3.5-5 地铁 2 号线穿越过程中既有地铁 1 号线隆沉变化，选取地铁 1 号线的监测断面均位于新建盾构轴线正上方附近。其中图 3.5-5（a）、图 3.5-5（c）为下行线盾构穿越的情况，图 3.5-5（b）、图 3.5-5（d）为上行线盾构穿越，图中正值表示隧道隆起，负值表示隧道沉降。

如图 3.5-5 所示，既有隧道的隆沉可以划分为 3 个阶段：阶段 1 为盾构接近

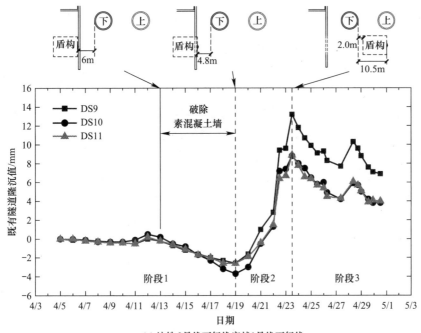

(a) 地铁 2 号线下行线穿越 1 号线下行线

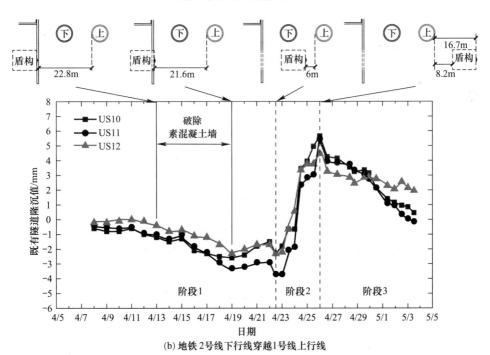

(b) 地铁 2 号线下行线穿越 1 号线上行线

图 3.5-5　地铁 2 号线穿越过程中地铁 1 号线隆沉变化（一）

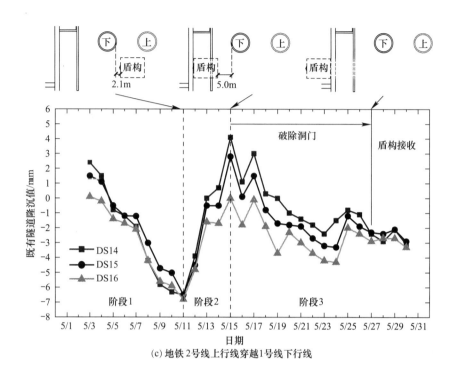

(c) 地铁2号线上行线穿越1号线下行线

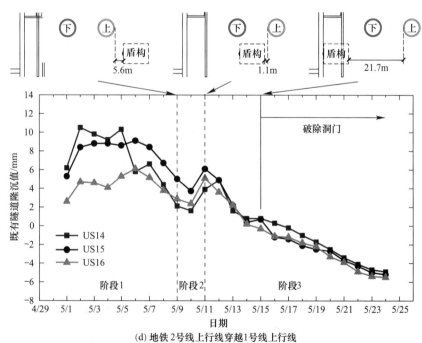

(d) 地铁2号线上行线穿越1号线上行线

图 3.5-5 地铁 2 号线穿越过程中地铁 1 号线隆沉变化（二）

沉降阶段，阶段 2 为盾构通过隆起阶段，阶段 3 为盾构远离沉降阶段。盾构下行线首次穿越时，磨墙振动导致墙后高含水量的淤泥质粉质黏土水分流失，是阶段 1 沉降的主要原因。盾构破墙后新建立的土仓压力、总推力的上升与盾尾饱满的注浆量，再加上盾构掘进环数少，浆液扩散的空间有限，所处淤泥质土层不排水，反应灵敏，使得地铁 1 号线在阶段 2 中呈现快速的隆起。盾尾脱出结构边线后，同步注浆浆液不断凝结，土体填补盾尾空隙，地铁 1 号线隆起值在阶段 3 中回落。

　　盾构第二次穿越时，既有隧道隆沉规律与第一次穿越不同。在阶段 1 中，由于距离第一次穿越不到一个月，且在 4 月 27 日～5 月 7 日进行了管棚加固施工，既有隧道沉降并未完全稳定。盾构上行线第二次穿越前，地铁 1 号线上行线隧道沉降发展平稳，累计隆起回落至 2.1mm；而下行线隧道沉降发展迅速，达到了 −6.5mm。因此，在阶段 2 中，盾构穿越上行线时土仓压力与推力并未做调整，既有上行线隧道隆起量不大。而在穿越下行线时土仓压力从 0.25MPa 调整至 0.29MPa，使下行线隧道隆起以抵消总沉降。盾构破墙与接收后，在阶段 3 中既有隧道的隆起回落至沉降稳定。由于素混凝土墙的存在，再加上地铁 1 号线上下行线离墙的远近不同，地铁 1 号线上下行线隧道沉降变化量与变化趋势不同。地铁 1 号线下行线在两次穿越过程中沉降变化范围为 −6.8～13.2mm，而地铁 1 号线上行线隧道隆沉变化范围为 −5.5～10.5mm。隧道隆起量接近了浙江省工程建设标准《城市轨道交通结构安全保护技术规程》DB 33/T 1139—2017 规定的 Ⅲ 类结构安全控制指标值 15mm。每日巡查结果表明，既有隧道结构完好，无新增裂缝与渗漏水。在盾构机刀盘距结构边线 6m 至盾尾脱出 8m 范围内，既有隧道的隆起突变仍需重点关注。

　　(2) 既有地铁 1 号线水平位移

　　图 3.5-6 为地铁 2 号线穿越过程中地铁 1 号线水平位移变化，图中正值表示隧道向中河路站方向（东）移动，负值表示向凤起路站（西）移动。既有隧道水平位移同样具有一定的阶段性：阶段 1 为盾构接近波动阶段，阶段 2 为盾构通过推挤阶段，阶段 3 为盾构远离平稳阶段。由图 3.5-6（a）、图 3.5-6（b）可知，盾构磨墙振动对隧道水平位移影响不大。盾构破墙后，盾构机刀盘推挤土体向前，继而引起地铁 1 号线上、下行线在阶段 2 中同时向盾构掘进方向水平移动。盾构穿越既有隧道时，盾壳摩擦作用导致地铁 1 号线水平位移迅速向东发展至 2.4～2.8mm。盾构第二次穿越引起地铁 1 号线水平位移规律与第一次穿越相似，但变化绝对值相较第一次穿越而言更大，水平位移最终稳定于向西 2.3～3mm。盾构穿越引起地铁 1 号线上、下行线隧道的水平位移大小和趋势较为相似，与隧道先后穿越顺序及离墙距离无明显关系。地铁 1 号线下行线在两次穿越过程中水平位移变化范围为 −3.2～2.9mm，上行线隧道水平位移变化范围为 −2.6～2.8mm。

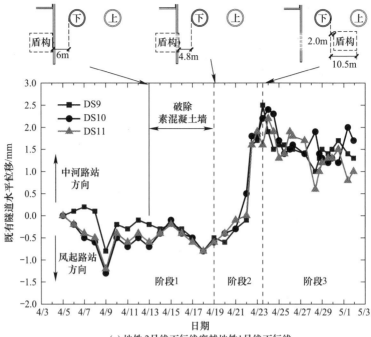

(a) 地铁 2 号线下行线穿越地铁 1 号线下行线

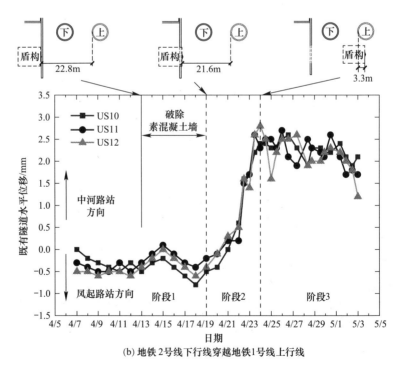

(b) 地铁 2 号线下行线穿越地铁 1 号线上行线

图 3.5-6　地铁 2 号线穿越过程中地铁 1 号线水平位移变化（一）

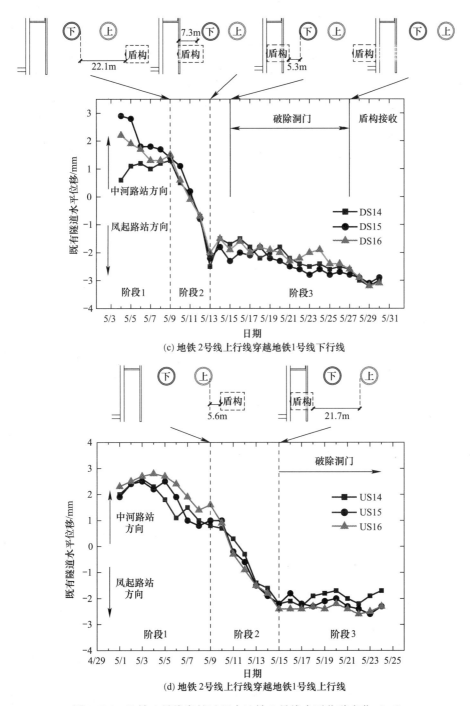

(c) 地铁2号线上行线穿越地铁1号线下行线

(d) 地铁2号线上行线穿越地铁1号线上行线

图 3.5-6 地铁2号线穿越过程中地铁1号线水平位移变化（二）

（3）地铁 1 号线车站与隧道交界处差异沉降

图 3.5-7 给出了盾构穿越过程中地铁 1 号线车站与隧道交界处的沉降发展情况。图 3.5-7（a）为地铁 1 号线下行线车站监测点 DS6 与隧道监测断面 DS8 的沉降数据，图 3.5-7（b）为地铁 1 号线上行线车站监测断面 US6 与隧道监测断面 US8 的沉降数据。DS6 与 DS8、US6 与 US8 之间的距离约为 4.2m。如图 3.5-7 所示，盾构穿越引起隧道与车站处的沉降差异显著。当盾构第一次穿越地铁 1 号线下行线时，既有隧道监测断面 DS8 的最大隆起量达到 9.0mm，而此时车站测点 DS6 的沉

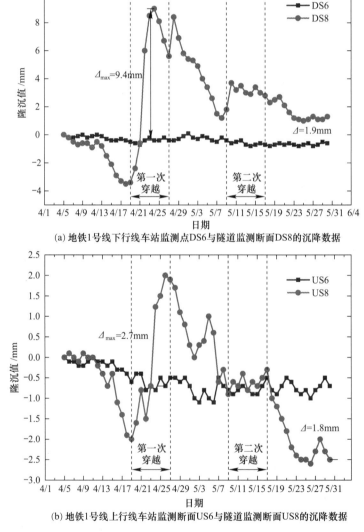

(a) 地铁1号线下行线车站监测点DS6与隧道监测断面DS8的沉降数据

(b) 地铁1号线上行线车站监测断面US6与隧道监测断面US8的沉降数据

图 3.5-7　地铁 2 号线穿越过程中既有地铁 1 号线车站与隧道交界处差异沉降

降量仅为一0.4mm，二者的差异沉降量达到 9.4mm，平均差异沉降 2.2mm/m。二次盾构穿越完成后，最终差异沉降稳定在 1.9mm 左右。对于地铁 1 号线上行线，盾构首次穿越引起隧道监测断面 US8 最大隆起量为 2.0mm，车站测点 US6 沉降量为一0.7mm，差异沉降为 2.7mm。最终差异沉降为 1.8mm。在本工程中，盾构轴线距离地铁 1 号线车站最近水平距离约为 10m，该范围内地铁 1 号线隧道的隆沉十分明显，但车站的沉降却并不显著。车站与隧道间的差异沉降将影响列车运行的平顺性，车辆振动可能引起沉降进一步发展。严重的差异沉降可能导致交接处出现裂缝、渗漏水等病害。因此要重视换乘站处盾构穿越引起的差异沉降。

3.6 杭州文一西路地下通道下穿地铁 2 号线案例分析

3.6.1 工程概况

杭州市文一路地下通道工程位于杭州市西湖区，道路呈东西走向，东起保俶北路，西至紫金港路，全长约 5.8km，其中地下隧道段全长 5.28km，包含东段盾构隧道、西段盾构隧道和明挖段，文一路地下通道平面概况如图 3.6-1 所示。盾构段隧道为双孔布置，双向 4 车道规模，隧道采用预制钢筋混凝土管片结构，管片外径为 11.36m，内径为 10.36m，环宽 2m，管片厚度为 500mm。隧道使用一台泥水平衡盾构机施工，盾构外径为 11.66m，盾构机长 12.3m。

图 3.6-1 文一路地下通道平面概况

西段盾构隧道在文一西路古墩路路口下穿地铁 2 号线丰潭路站～文新站区间隧道，交叠段的平面图与剖面图如图 3.6-2、图 3.6-3 所示。地铁 2 号线为南北走向单圆双线盾构隧道，采用预制钢筋混凝土管片结构，管片外径与内径分别为 6.2m 与 5.5m，环宽 1.2m。隧道轴线埋深约为 13.5m，地铁 2 号线于 2017 年 12 月全线开通运营。新建盾构隧道与既有地铁交叉角度约 81°，最小竖向净距为

5.1m。北线盾构从地铁1号工作井始发，于2017年5月1日至5月7日首次下穿既有地铁2号线，穿越段环号为411～430环；南线盾构从地铁1号工作井始发，于2018年2月1日至2月7日第二次下穿既有地铁2号线，穿越段环号为407～435环。穿越段土质为软弱土，既有地铁2号线隧道主要位于淤泥及淤泥质黏土层及淤泥质粉质黏土层。文一路盾构隧道主要穿越淤泥质黏土层及黏土层，穿越段地层物理力学性质参数如表3.6-1所示。

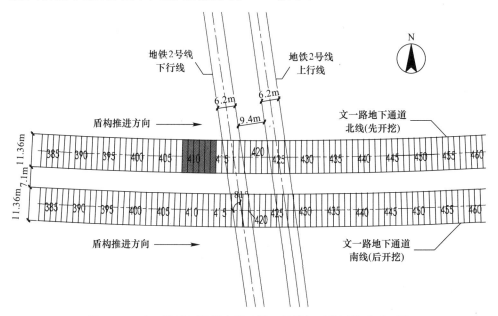

图 3.6-2 文一路地下通道穿越地铁 2 号线相对位置关系平面图

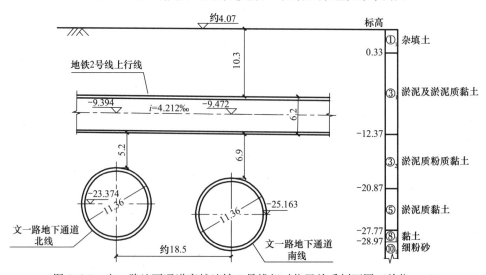

图 3.6-3 文一路地下通道穿越地铁 2 号线相对位置关系剖面图（单位：m）

穿越段地层物理力学性质参数表　　　　　表 3.6-1

层号	土层名称	密度 $\gamma/\mathrm{kN/m^3}$	孔隙比 e	塑性指数 I_p	液性指数 I_l	黏聚力 c/kPa	内摩擦角 $\varphi/°$	压缩模量 E/MPa
③₁	淤泥及淤泥质黏土	17.3	1.34	20.1	1.26	12.0	10.0	1.5
③₂	淤泥质粉质黏土	17.7	1.20	16.1	1.37	11.0	14.5	3.0
⑤	淤泥质黏土	17.5	1.24	20.5	1.04	13.0	12.5	3.5
⑧₁	黏土	19.4	0.82	21.6	0.42	32.0	16.0	11.0
⑩₁	细粉砂	19.8	0.66	—	—	4.5	32.0	18.0

3.6.2　施工监测

为保证地铁 2 号线的安全，本工程对既有隧道进行了长期监测。地铁 2 号线监测断面布置图如图 3.6-4 所示，在地铁 2 号线上下行线受穿越影响范围内（共 183m）分别布置了 46 个监测断面。监测断面编号第一个字母"U"和"D"分别表示 2 号线的上行线和下行线，编号数字表示监测断面所在环号。在新建地下通道拱底沿 45°倾斜角往上向地铁 2 号线隧道投影范围内，地铁 2 号线每条隧道各布置了 22 个监测断面，监测断面间距为 2.4m，投影之外以间距3.6m 布置 4 个断面，再以 6m 间距布置 8 个断面，左右对称分布。在地下通道北线穿越时，地铁 2 号线并未铺轨，此时每个隧道监测断面设置了 3 个监测点，其中隧道拱底上的测点 P1 用于测量地铁 2 号线沉降，拱腰上的 P3、P4 用于测量隧道水平位移和收敛。南线穿越时，在道床上增加了测点 P2，用测量隧道沉降和差异沉降，地铁 2 号线测点布置图如图 3.6-5 所示。此外，本工程在盾构轴线上方布置了地表沉降监测点，间距为 10m。编号字母"N"和"S"分别代表北线隧道和南线隧道，数字代表新隧道的环号。

为了研究盾构穿越引起既有地铁 1 号线的变形，既有地铁监测数据从 2017年 4 月 20 日开始记录，并取为初始值。

地下通道北线穿越阶段：2017 年 5 月 1 日至 2017 年 5 月 7 日。

地铁 2 号线于 2017 年 12 月全线开通运营。

南线穿越既有地铁监测数据从 2018 年 1 月 22 日开始记录，并取为初始值。

地下通道南线穿越阶段：2018 年 2 月 1 日至 2018 年 2 月 7 日。

工后长期监控阶段：2018 年 2 月 7 日至 2018 年 10 月 26 日。

3.6.3　数据分析

根据盾构机与既有隧道上、下行线的相对位置，将盾构穿越既有隧道划分为6 个工况，穿越工况示意图如图 3.6-6 所示。

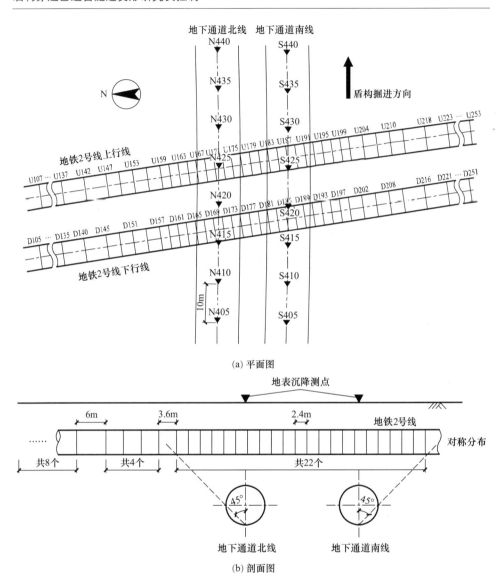

(a) 平面图

(b) 剖面图

图 3.6-4 地铁 2 号线监测断面布置图

（1）既有地铁 2 号线隆沉

盾构穿越过程中既有隧道隆沉变化如图 3.6-7 所示。选取地铁 2 号线监测断面均位于新建盾构轴线正上方附近，图中正值表示隧道隆起，负值表示隧道沉降。从图可以看出，既有隧道隆沉与盾构位置关系密切。以北线盾构穿越为例，工况 1 至工况 2 阶段，既有隧道结构较为稳定，隆起量小于 2mm；刀盘进入结构边线后，由于盾构正面土压力产生突变，切口泥水压力设定减小，加上盾构机施工振动，既有隧道在软土中出现沉降趋势；随着盾尾脱出结构边线，下行线、

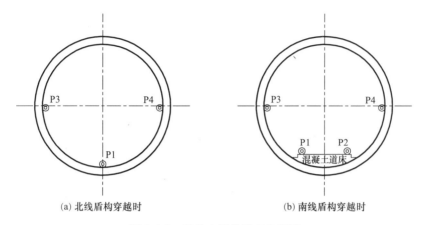

(a) 北线盾构穿越时　　　　　　　　(b) 南线盾构穿越时

图 3.6-5　地铁 2 号线测点布置图

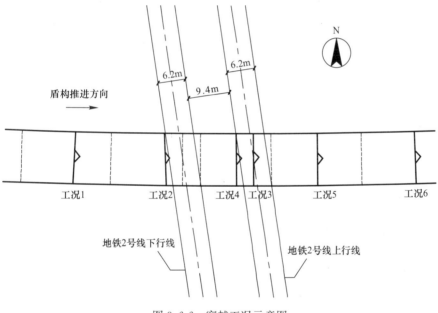

图 3.6-6　穿越工况示意图

上行线均出现迅速的隆起，并在盾尾脱出一段距离后隆起达到最大值，此后既有隧道缓慢沉降。隧道隆起的主要原因是盾构管片脱出盾尾后产生了上浮。根据管片上浮监测，北线盾构隧道 407～430 环均出现＋35～＋46mm 的上浮量。管片上浮带动了上方既有隧道的隆起。南线盾构穿越时，既有隧道表现出相似的隆沉变化规律。由于南线穿越时既有隧道已运营，存在道床与列车压重，且盾构管片采用了埋置纵向连接件等抗浮措施，既有隧道隆起控制在 4.5mm。

　　图 3.6-8 为盾构在不同工况时既有隧道纵向隆沉形态曲线。可以看到，北线

盾构穿越时，既有隧道纵向隆起呈倒"V"字形发展，下行线、上行线隧道隆起最大值分别为 21.1mm 和 23.5mm，隆起范围大约在盾构轴线两侧约 40m（3.4倍盾构直径）。由于盾构与既有隧道呈 81°穿越，轴线左侧既有隧道先受盾构影响，故隆起最大值发生了左偏，且随着盾构机掘进，左偏逐渐移回轴线，这与 3.4.4 节的分析一致。南线盾构穿越时，既有隧道隆起范围较大，同样存在峰值偏移情况。下行线、上行线隧道隆起最大值分别为 4.9mm 和 2.9mm。

（2）既有地铁 2 号线水平位移

图 3.6-9 为南线盾构穿越不同工况下盾构上方既有隧道监测断面水平位移变化情况，图 3.6-10 为穿越前后既有地铁 2 号线水平位移形态，图中负值表示既

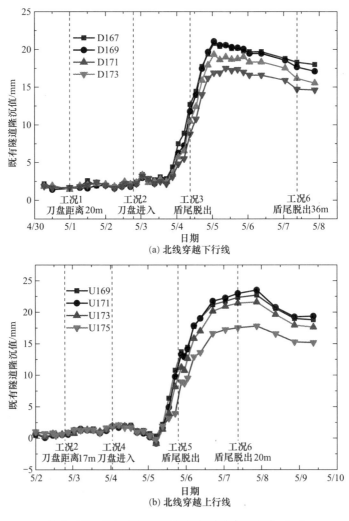

（a）北线穿越下行线

（b）北线穿越上行线

图 3.6-7　盾构穿越过程中既有隧道隆沉变化（一）

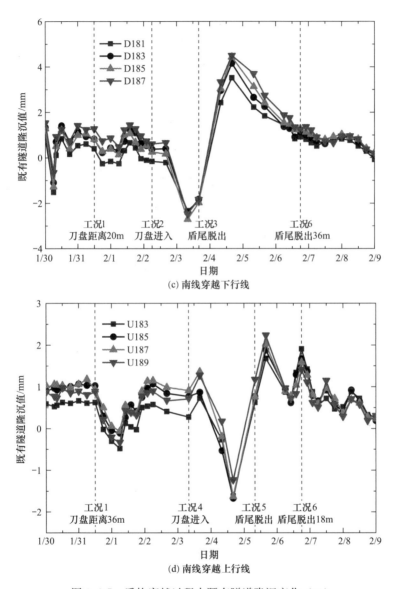

(c) 南线穿越下行线

(d) 南线穿越上行线

图 3.6-7　盾构穿越过程中既有隧道隆沉变化（二）

有隧道向西（即南线盾构掘进方向）移动，正值表示向东移动。在工况1至工况2阶段，由于切口压力并不大，整体有向盾构开挖面移动的趋势；刀盘进入至盾尾脱出阶段，由于盾壳摩擦力推挤土体前进，既有隧道发生与盾构掘进方向一致的位移，上行线、下行线隧道位移分别达到−1.4mm、−1.5mm；盾尾脱出后，水平位移继续发展至最大，最大水平位移和最大隆起出现在同一时刻。此后，水平位移呈现出恢复的趋势。地铁2号线下行线在南线穿越过程中水平位移变化范围为−1.6～1.6mm，上行线水平位移变化范围为−1.5～1.3mm。

（3）既有地铁2号线工后沉降

地下通道北、南线穿越完成后，对既有地铁2号线进行了长期沉降监测，既有地铁2号线工后沉降历时曲线如图3.6-11所示。根据连续10日沉降量的每日

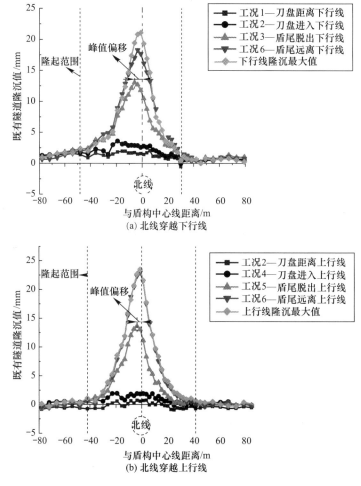

图3.6-8　既有地铁2号线隆沉形态曲线（一）

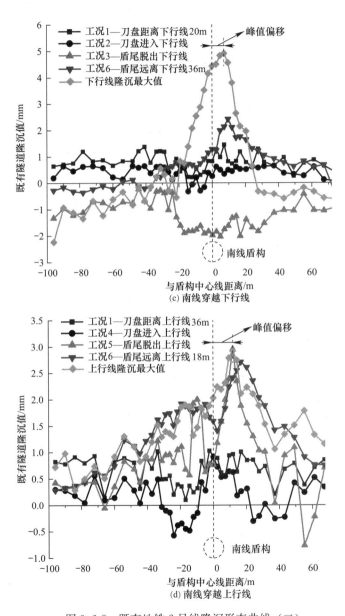

图 3.6-8　既有地铁 2 号线隆沉形态曲线（二）

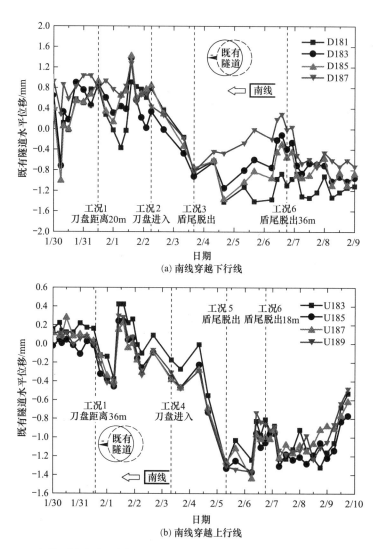

图 3.6-9　南线盾构穿越不同工况下盾构上方既有隧道监测断面水平位移变化情况

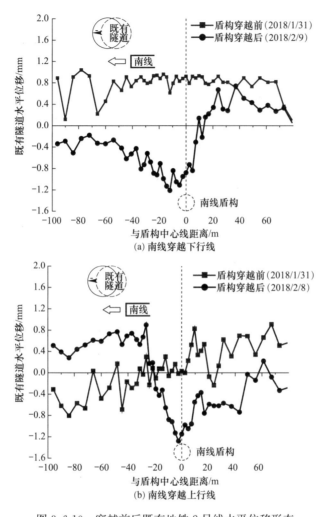

图 3.6-10　穿越前后既有地铁 2 号线水平位移形态

平均沉降值，得到既有地铁 2 号线工后沉降速率曲线，如图 3.6-12 所示。以下行线为例，由图可知，自盾尾脱出以来，既有隧道沉降速率最大达 -0.71mm/d，工后沉降值达到 -9.6mm；2018 年 3 月 22 日至 2018 年 6 月 2 日期间，在地下通道内采取了九轮二次注浆手段，对盾构隧道和既有隧道进行抬升，隧道平均沉降速率降至 $-0.16\ \text{mm/d}$；注浆结束后，既有隧道的沉降随时间的延长逐渐趋于稳定，沉降速率约在 200d 后逐渐趋于 0。上行线隧道工后沉降的规律与下行线类似，最终下行线隧道沉降稳定在 -14.7mm 左右，上行线约 -16.6mm。相较于穿越阶段既有隧道下行线、上行线 4.9mm 和 2.9mm 的最大隆起值，工后沉降量达到了穿越过程变化量的 3 倍与 5.7 倍，可见在淤泥质黏土为主的软土地层中，既有隧道工后沉降量在总变形量中占据了很大的比例。

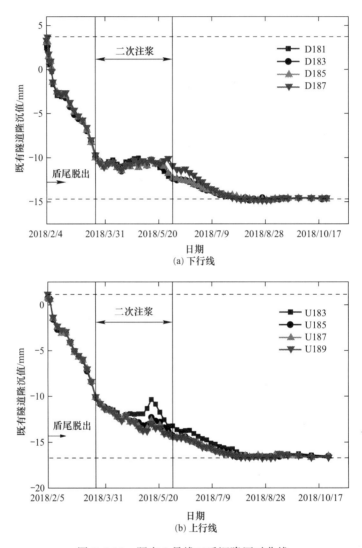

(a) 下行线

(b) 上行线

图 3.6-11 既有 2 号线工后沉降历时曲线

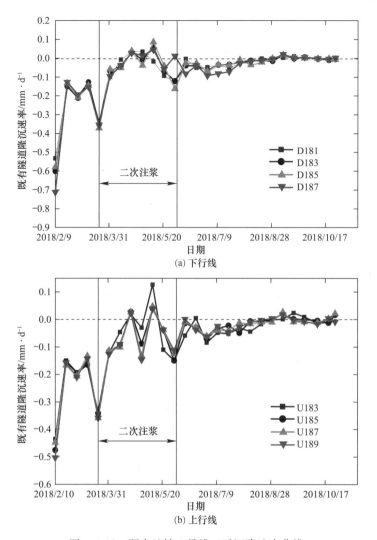

图 3.6-12　既有地铁 2 号线工后沉降速率曲线

3.7　杭州机场快线下穿地铁 1 号线案例分析

3.7.1　工程概况

杭州市机场轨道快线土建施工 SGJC-6 标段 5 号风井～4 号风井～西湖文化广场站为单圆盾构区间，区间起止里程为左（右）K25＋787.205～左（右）K29＋649.331，其中右线设 20.946m 的长链，左线设 1.533m 及 16.398m 的长链，区间右线全长为 3883.072m（含 4 号风井），左线全长为 3880.057m（含 4 号风井）。区间隧道埋深约为 13.3～32.8m，主要穿越的地层有粉砂、砂质粉土、淤泥质粉质黏土、黏土、淤泥质粉质黏土、淤泥质粉质黏土、粉质黏土、粉质黏土、粉质黏土。

机场轨道快线西湖文化广场站～5 号风井区间（新风路风井）出西湖文化广场站后沿文晖路敷设，在文晖路东新路路口上跨地铁 5 号线，于文晖大桥附近设置 4 号风井（文晖风井），线路下穿艮山门动车所及地铁 1 号线后，转入尧典桥路敷设，之后线路转向东沿池塘庙路敷设。区间平面示意图及穿越断面示意图如图 3.7-1、图 3.7-2 所示。

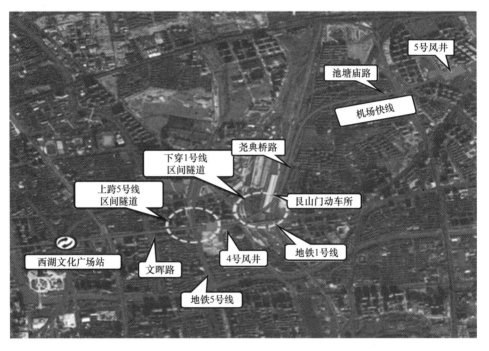

图 3.7-1　机场轨道快线西湖文化广场站～5 号风井区间平面示意图

机场快线 5 号风井～4 号风井区间左线起止里程 K26＋810.947～K29＋649.331，右线起止里程 K26＋810.951～K29＋649.331，区间全长约 2.8km。区间位于杭州动车运用所下方，左线 K27＋343.97～K27＋324.018，右线 K27＋360.143～K27＋339.782 段下穿地铁 1 号线打铁关～闸弄口区间。相交处地铁 1 号线左线轨面标高为－14.86m（隧顶埋深约 16.3m），右线轨面标高为－14.72m（隧顶埋深约 16.2m），线间距为 12.3m，相交处机场线隧顶埋深约 26.7m，线间距为 16.2m，机场线与地铁 1 号线隧道竖向净距为 4.2m。下穿段地铁 1 号线位于淤泥质粉质黏土层，机场线位于淤泥质粉质黏土层。

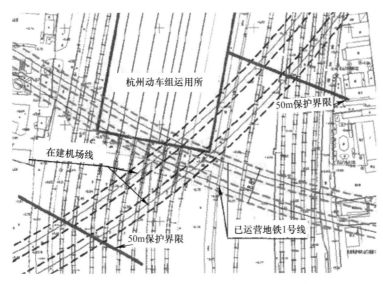

图 3.7-2　机场线下穿地铁 1 号线穿越断面示意图

3.7.2　施工监测

在本项目穿越施工过程中，通过对既有地铁 1 号线保护区隧道进行保护监测，及时了解实际变形情况及趋势，分析判断本工程施工过程对地铁隧道产生的影响，指导本工程的施工。同时为动态设计、信息化施工及时提供反馈信息，通过数据分析，掌握盾构结构稳定性的变化规律，随时根据监测资料调整施工程序，并采取必要的工程应急措施确保地铁隧道的安全。

（1）通过现场监测信息反馈和现场施工情况，及时调整施工的速度和方法，并采取相应的工程措施，优化施工工艺，达到工程优质、安全施工、经济合理、施工快捷的目的，并为今后类似工程提供借鉴；

（2）掌握运营地铁的受力和变位状态，并对其安全稳定性进行评价；

（3）通过信息反馈进行安全预测及设计优化，在加强安全控制的同时减少投资，使工程始终处于安全可控状态，更大程度上加强了业主的风险控制。

根据《城市轨道交通结构安全保护技术规程》DB33 T 1139—2017 及浙江省建筑设计研究院安评报告，地铁保护监测范围见表 3.7-1。

地铁保护监测范围　　　　　　　　　　　　　　表 3.7-1

区间	线路	监测范围	对应环号
地铁 1 号线打铁关～闸弄口区间	左线（下行线）	K18＋411～K18＋537	310～415 环
	右线（上行线）	K18＋400～K18＋256	355～460 环

根据相关文件要求，结合本工程项目实际情况，确定该项目地铁 1 号线保护

监测由自动化监测及人工复核监测组合实施。地铁 1 号线隧道自动化监测项目包括：道床沉降、道床水平位移、管片水平收敛及两轨高差监测。另外定期对道床沉降及收敛变形进行人工复核。

施工前组织建设、施工、监理、杭港公司及杭州地铁公司对隧道渗水、漏水情况及隧道裂缝等现状进行调查，并经由各方确认后报地铁公司有关部门备案。

3.7.3 数据分析

现场监测工作从 2021 年 9 月开始，2021 年 10 月 27 日双线盾构穿越完成，穿越施工期间进行自动化加密监测，加密监测频率为 20min/次。截至 2022 年 4 月 30 日，保护区隧道上下行线各测项数据变形较小并趋于稳定，隧道监测最终累计值统计见表 3.7-2。

隧道监测最终累计值统计 表 3.7-2

线路	项目	累计值 mm	预警值/mm	报警值/mm	控制值/mm	备注
上行线	水平位移	0.2～3.0	±5	±6.5	±8	
	道床沉降	0.7～−12.9	±3	±4	±5	超控制值
	管片收敛	−0.2～2.9	±3	±4	±5	
	差异沉降	−2.0～1.4	—	—	—	
下行线	水平位移	−0.6～3.3	±5	±6.5	±8	
	道床沉降	1.4～−14.2	±3	±4	±5	超控制值
	管片收敛	−1.3～1.7	±3	±4	±5	
	差异沉降	−2.2～1.4	—	—	—	

说明 水平位移：位移向东移动为"＋"；道床沉降："＋"表示隆起，"−"表示下沉；收敛变形："＋"表示扩张，"−"表示收缩。

1. 上行线隧道水平位移

截至 2022 年 4 月 30 日上行线隧道水平位移，基本在 2mm 左右，小于双线通过预警值＋5mm，表现为向盾构掘进方向变形。自 2021 年 10 月 27 日双线穿越完成以来，上行线隧道水平位移工后变形较小，相对稳定，近 3 个月最大变形速率为 −0.021mm/d。机场线左线及右线穿越期间上行线隧道水平位移累计分布曲线如图 3.7-3、图 3.7-4 所示。工后上行线隧道水平位移累计分布曲线如图 3.7-5 所示。机场线左右线与 1 号线正文段典型断面沉降时程曲线如图 3.7-6 所示。

根据上行线隧道水平位移累计分布曲线可以看出，上行线隧道水平位移工后大体上为"＋"值表现为向东偏移。穿越阶段：机场线右线盾构下穿过程上行线隧道水平位移表现为"−"向盾构掘进方向变形，盾尾脱出既有线隧道后水平位移开始回落；机场线左线盾构下穿期间穿越区既有线水平位移表现为缓慢向盾构推进方向变形，变量相对较小，整体较为平缓。工后阶段整体变形相对稳定，整

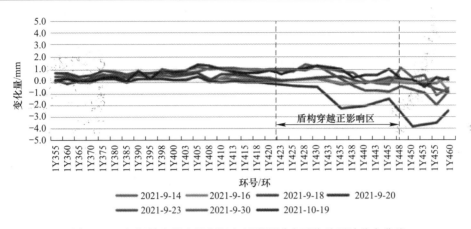

图 3.7-3　机场线左线穿越期间上行线隧道水平位移累计分布曲线

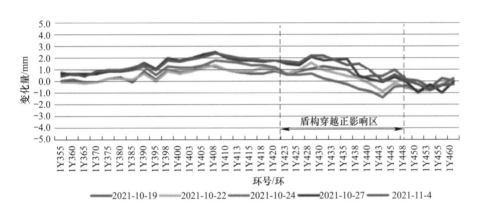

图 3.7-4　机场线右线穿越期间上行线隧道水平位移累计分布曲线

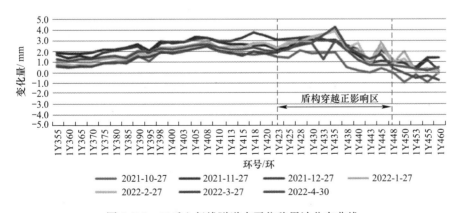

图 3.7-5　工后上行线隧道水平位移累计分布曲线

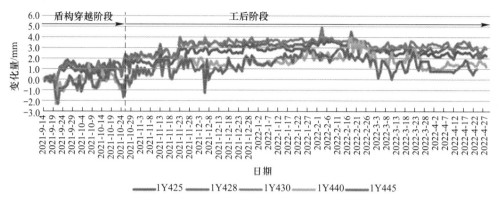

图 3.7-6　机场线左右线与 1 号线正交段典型断面沉降时程曲线

体可控，可见机场快线 5 号风井～4 号风井区间盾构未对上行线隧道水平位移产生明显施工影响。

2. 上行线隧道道床沉降

截至 2022 年 4 月 30 日上行线隧道道床沉降变形位置主要位于盾构穿越影响区，超过双线通过控制值＋5mm。自 2021 年 10 月 27 日双线盾构穿越完成以来，上行线隧道道床沉降仍表现为工后沉降变形趋势，但是变形速率逐渐减小，近 3 个月最大变形速率小于 0.04mm/d。机场线右线、左线穿越期间上行线隧道道床沉降累计分布曲线如图 3.7-7、图 3.7-8 所示。机场线左右线穿越期间上行线隧道道床沉降累计分布曲线如图 3.7-9 所示。

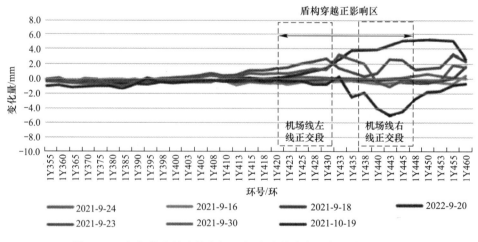

图 3.7-7　机场线右线穿越期间上行线隧道道床沉降累计分布曲线

根据机场线左右线穿越既有地铁 1 号线上行线隧道沉降累计分布曲线可以看

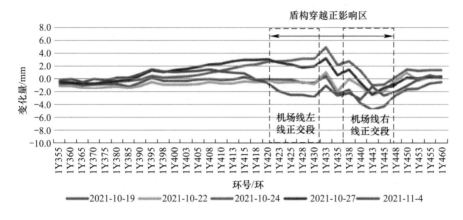

图 3.7-8 机场线左线穿越期间上行线隧道道床沉降累计分布曲线

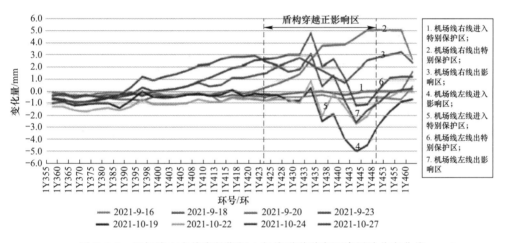

图 3.7-9 机场线左右线穿越期间上行线隧道道床沉降累计分布曲线

出：穿越期间相交段沉降变形明显，穿越段表现为穿越期间隆起变形，工后沉降变形的特征。

机场线右线穿越前，上行线隧道最大沉降累计值 1.7mm，穿越后最大沉降累计值 5.1mm，期间最大隆起变化量 5mm；盾构出既有线影响区后最大沉降累计值 3.3mm，最大沉降变化量－3.8mm。

机场线左线进入影响区，上行线隧道最大沉降累计值－4.9mm；穿越前最大沉降累计值 2.6mm，穿越后最大沉降累计值 4.9mm，穿越期间最大隆起量 4.1mm；出既有线影响区后最大沉降累计值 3.2mm。

图 3.7-10、图 3.7-11 为工后上行线隧道道床沉降累计分布曲线及机场左右线与地铁 1 号线正交段典型断面沉降时程曲线。

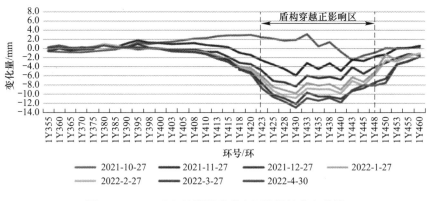

图 3.7-10　工后上行线隧道道床沉降累计分布曲线

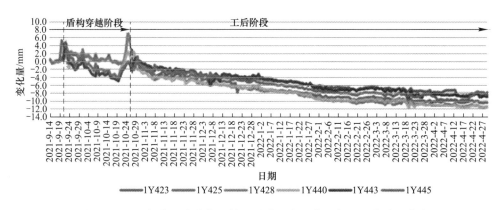

图 3.7-11　机场线左右线与地铁 1 号线正交段典型断面沉降时程曲线

根据工后上行线隧道道床沉降累计分布曲线及典型断面沉降时程曲线可以看出：上行线穿越影响区道床沉降在机场线盾构穿越阶段表现为工前隆起变形，工后沉降变形。工后沉降变形速率逐渐减小并趋于相对稳定。截至 2022 年 4 月 30 日上行线隧道最大道床沉降累计值－12.9mm。

3. 上行线隧道收敛变形

截至 2022 年 4 月 30 日上行线隧道收敛变形小于双线通过预警值＋3mm。其中盾构穿越影响区表现为扩张变形，穿越外扩影响区变形相对较小。自 2021 年 10 月 27 日双线盾构穿越完成以来，上行线隧道收敛变形稳定，近 3 个月最大变形速率小于 0.016mm/d。机场线右线、左线穿越期间上行线隧道收敛变形累计分布曲线如图 3.7-12、图 3.7-13 所示。工后上行线隧道收敛变形累计分布曲线如图 3.7-14 所示。机场线左右线与地铁 1 号线正交段典型断面时程曲线如图 3.7-15 所示。

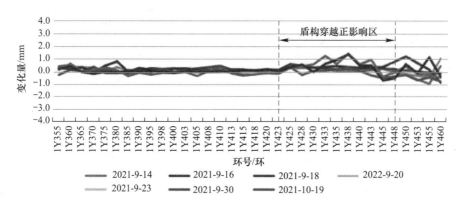

图 3.7-12　机场线右线穿越期间上行线隧道收敛变形累计分布曲线

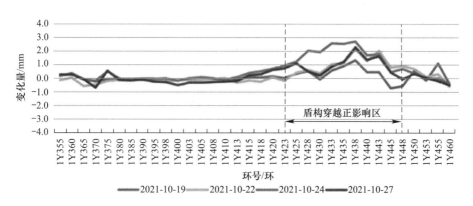

图 3.7-13　机场线左线穿越期间上行线隧道收敛变形累计分布曲线

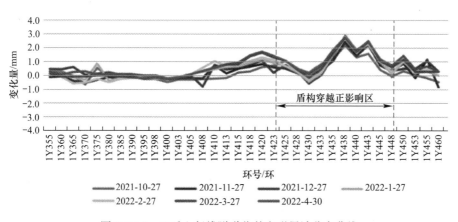

图 3.7-14　工后上行线隧道收敛变形累计分布曲线

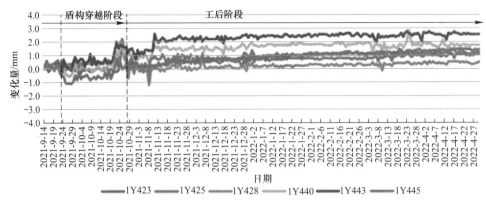

图 3.7-15　机场线左右线与地铁 1 号线正交段典型断面时程曲线

根据上行线隧道收敛变形累计分布曲线可以看出：上行线盾构穿越正影响区收敛表现为轻微扩张变形，机场线左右线穿越期间整体可控。工后收敛变形稳定，截至 2022 年 4 月 30 日上行线隧道最大收敛变形累计值为 2.9mm，小于双线通过 3mm 预警值。

4. 上行线隧道差异沉降

截至 2022 年 4 月 30 日上行线隧道各监测断面最终差异沉降受现场影响较小。近 3 个月最大变形速率 0.016mm/d。上行线隧道差异沉降累计分布曲线如图 3.7-16 所示。

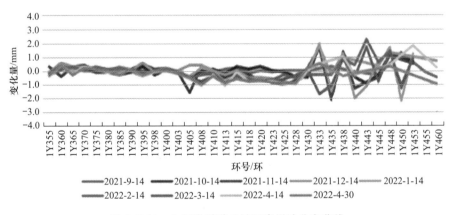

图 3.7-16　上行线隧道差异沉降累计分布曲线

根据上行线隧道差异沉降累计分布曲线可以看出：盾构施工过程中上行线隧道差异沉降整体变形较小。截至 2022 年 4 月 30 日上行线隧道最大差异沉降累计值−1.0mm。

从上行线隧道监测数据结果可以看出：机场快线 5 号风井～4 号风井区间

盾构施工期间主要引起既有 1 号线沉降变形，1 号线与机场线相交段沉降表现为穿越期间隆起变形，工后沉降变形的特征，工后沉降速率随时间关系逐渐减小趋于平缓。除穿越正影响区道床沉降沉降变形明显外，其他区域及水平位移、收敛变形相对较小均未达到双线通过预警值盾构穿越施工期间数据变形整体可控。

5. 下行线隧道水平位移

截至 2022 年 4 月 30 日下行线隧道水平位移小于双线通过预警值＋4mm。自 2021 年 10 月 27 日双线盾构穿越完成以来，上行线隧道水平位移变形稳定，近 3 个月最大变形速率为－0.016mm/d，机场线右线、左线穿越期间下行线隧道水平位移累计分布曲线如图 3.7-17、图 3.7-18 所示。工后下行线隧道水平位移累计分布曲线如图 3.7-19 所示。机场线左右线与 1 号线正交段典型断面沉降时程曲线如图 3.7-20 所示。

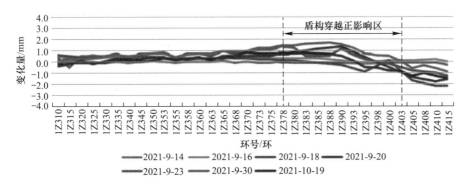

图 3.7-17　机场线右线穿越期间下行线隧道水平位移累计分布曲线

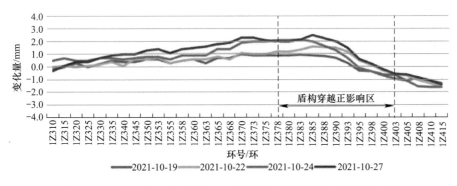

图 3.7-18　机场线左线穿越期间下行线隧道水平位移累计分布曲线

根据下行线隧道水平位移累计分布曲线可以看出：下行线隧道水平位移工后大体上为"＋"值表现为向东偏移。穿越阶段：机场线左右线盾构下穿过程下行

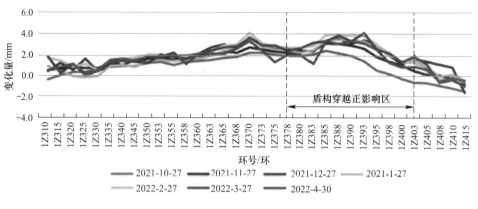

图 3.7-19　工后下行线隧道水平位移累计分布曲线

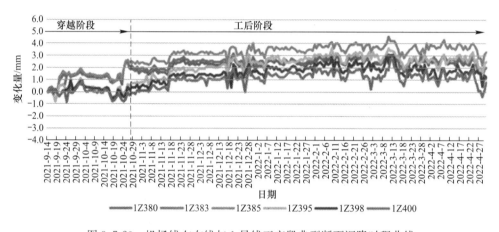

图 3.7-20　机场线左右线与 1 号线正交段典型断面沉降时程曲线

线隧道水平位移表现为向东增长变形，两次穿越过程变形增量在 1～2mm。工后阶段整体变形趋于稳定，可见机场快线 5 号风井～4 号风井区间盾构未对下行线隧道水平位移产生较大施工影响，变形整体可控。截至 2022 年 4 月 30 日下行线隧道最大水平位移累计值 3.3mm。

6. 下行线隧道道床沉降

截至 2022 年 4 月 30 日下行线隧道道床沉降变形位置主要位于盾构穿越影响区，表现为沉降变形，超过双线通过控制值＋5mm。自 2021 年 10 月 27 日双线盾构穿越完成以来，下行线隧道道床沉降仍表现为工后沉降变形趋势，但是变形速率逐渐减小，近 3 个月最大变形速率小于 0.04mm/d。机场线右线、左线穿越期间下行线隧道道床沉降累计分布曲线如图 3.7-21、图 3.7-22所示。穿越期间下行线隧道道床沉降累计分布曲线如图 3.7-23 所示。

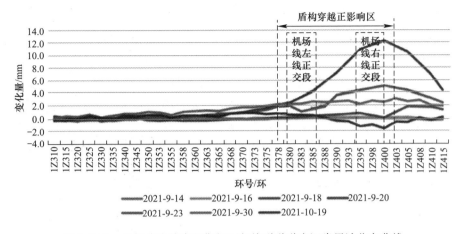

图 3.7-21   机场线右线穿越期间下行线隧道道床沉降累计分布曲线

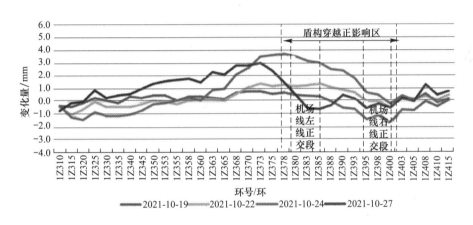

图 3.7-22   机场线左线穿越期间下行线隧道道床沉降累计分布曲线

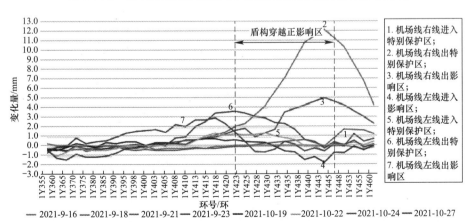

图 3.7-23   穿越期间下行线隧道道床沉降累计分布曲线

从机场线右线穿越既有地铁 1 号线下行线隧道道床累计沉降分布曲线可以看出，穿越期间相交段沉降变形明显，表现为穿越期间隆起变形，工后沉降变形的特征。机场线右线穿越前，下行线隧道最大累计沉降值为 1.8mm，穿越后最大累计沉降值为 12.2mm，期间最大隆起变化量为 12mm；出影响区后最大累计沉降值为 5mm，最大沉降变化量为－7.2mm，机场线左线进入影响区，下行线隧道最大累计沉降值为－1.7mm；穿越前最大累计沉降值为 1.4mm，穿越后最大累计沉降值为 3.7mm，穿越期间最大隆起量为 2.4mm；出影响区后最大累计沉降值为 3mm。工后下行线隧道道床沉降累计分布曲线如图 3.7-24 所示，机场线左右线与 1 号线正交段典型断面时程曲线如图 3.7 25 所示。

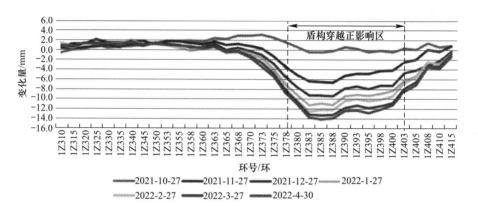

图 3.7-24　工后下行线隧道道床沉降累计分布曲线

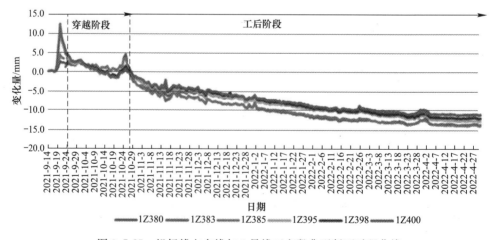

图 3.7-25　机场线左右线与 1 号线正交段典型断面时程曲线

从工后下行线隧道道床沉降累计分布曲线及典型断面沉降时程曲线可以看出，下行线穿越影响区道床沉降在机场线盾构穿越阶段表现为明显隆起变形、工后沉降变形速率逐渐减小并趋于相对稳定。截至 2022 年 4 月 30 日下行线隧道最大道床沉降累计值为－14.2mm。

7. 下行线隧道收敛变形

截至 2022 年 4 月 30 日下行线隧道收敛变形小于双线超过预警值＋3mm。其中盾构穿越影响区表现为轻微收缩变形，穿越外扩影响区表现为扩张变形。自 2021 年 10 月 27 日双线盾构穿越完成以来，下行线隧道收敛变形稳定，工后最大变形速率为 0.028mm/d。机场线右线穿越期间下行线隧道收敛变形累计分布曲线如图 3.7-26 所示，机场线左线穿越期间下行线隧道收敛变形累计分布曲线如图 3.7-27 所示。

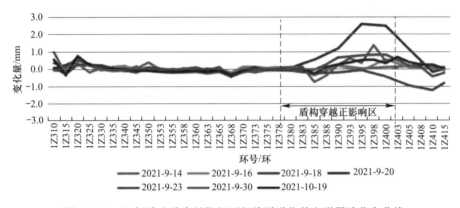

图 3.7-26　机场线右线穿越期间下行线隧道收敛变形累计分布曲线

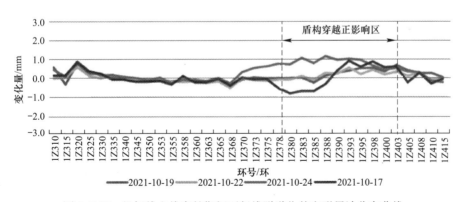

图 3.7-27　机场线左线穿越期间下行线隧道收敛变形累计分布曲线

根据下行线隧道收敛变形累计分布曲线可以看出：盾构穿越期间，既有地铁 1 号线与机场线左右线相交段均表现为扩张变形；穿越完成后开始回落，其中左线相交段变形相对明显有－2mm 左右变量，表现为收缩变形。工后阶段收敛变形稳定，截至 2022 年 4 月 30 日下行线隧道最大收敛变形累计值 1.7mm，小于双线通过＋3mm 预警值。工后下行线隧道收敛变形累计分布曲线如图 3.7-28 所示。机场线左右线与1号线正交段典型断面时程曲线如图3.7-29所示。

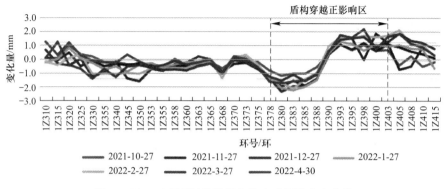

图 3.7-28　工后下行线隧道收敛变形累计分布曲线

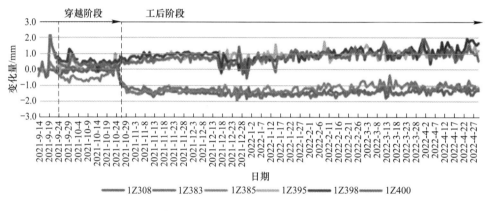

图 3.7-29　机场线左右线与1号线正交段典型断面时程曲线

8. 下行线隧道差异沉降

截至2022年4月30日1号线下行线隧道各监测断面最终差异沉降受现场影响较小。近3个月最大变形速率0.016mm/d。

从下行线隧道差异沉降累计分布曲线可以看出，盾构施工过程中上行线隧道差异沉降整体变形较小，基本在1mm以内。截至2022年4月30日上行线隧道最大差异沉降累计值－2.2mm。下行线隧道差异沉降变化曲线如图3.7-30所示。

从下行线监测数据结果可以看出，上下行线变形趋势基本一致，机场快线5号风井～4号风井区间盾构施工期间除穿越正影响区道床沉降变形明显外，其他区域及测项变形相对较小均未达到双线通过预警值，盾构穿越施工期间数据变形整体可控。下行线隧道道床沉降在机场线穿越期间隆起变形明显，穿越完成后开始持续回落沉降变形，沉降变形速率随时间关系逐渐减小趋于平缓。

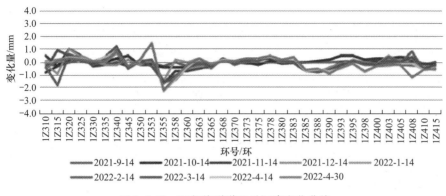

图 3.7-30　下行线隧道差异沉降变化曲线

3.8　本章小结

本章基于盾构穿越既有隧道施工力学模型，计算盾构穿越引起既有隧道的环向附加围压；利用有限元 ANSYS 软件建立了壳-弹簧模型，分析了盾构穿越附加围压作用下既有隧道管片衬砌横向变形与内力分布变化，并结合实际盾构下穿工程案例讨论了地表、地层横向沉降情况以及既有地铁隧道结构纵向沉降变形；取得结论如下：

（1）盾构下穿施工通过扰动周围地层进而对既有地铁隧道产生影响，在盾构掘进过程中，周围地层作用于既有地铁隧道结构上的作用力将发生改变，使得既有地铁隧道随地层变形而产生位移；将整个盾构下穿既有隧道的施工过程分为六个阶段：第一阶段：盾构机刀盘进入盾构下穿影响区前；第二阶段：盾构通过下穿前方影响区；第三阶段：盾体通过下穿监测断面；第四阶段：盾尾脱离既有地铁隧道；第五阶段：既有隧道洞内壁后补浆加固；第六阶段：盾构远离既有地铁隧道。

（2）盾构穿越对既有隧道的影响具有很强的动态空间特性；盾构接近使得既有隧道 0°～180°区域受到向外推挤作用，210°～240°区域受到向内挤压作用，隧道发生盾构掘进同向的水平位移；盾构开挖面越过后，围压曲线向逆时针方向旋转，隧道拱底处受到向盾尾拉伸的作用，整体往盾构掘进的反向沉降；注浆压力顶升作用会使拱底处的拉伸围压有减小的趋势；盾构远离后，围压与横向位移绝对值进一步增大；整个过程中，作用于隧道衬砌下半部分的附加围压绝对值大于上半部分，既有隧道位移呈现"7"字形变化。

（3）盾构穿越引起既有隧道环向弯矩与剪力呈"8"字形分布，既有隧道在负弯矩处发生了压缩变形、在正弯矩处发生了拉伸变形；随着盾构不断向前掘进，既有隧道环向弯矩大小变化不大，其分布出现了逆时针的旋转，最小弯矩处的对称轴始终指向盾构开挖面和盾尾注浆的位置；既有隧道剪力分布与变化情况与弯矩相类似，剪力最大值约位于弯矩为零处；既有隧道轴力对盾构位置较为敏感；在盾构越过既有隧道后，既有隧道环向轴力大幅增加，呈现整体拉伸状态。

（4）盾构穿越过程中，既有隧道呈现先逆时针、后顺时针的扭转形态，转变交界点在盾壳中心通过时；而收敛变形则根据刀盘与盾尾的位置变化不断波动；当刀盘和盾尾位于既有隧道轴线附近时，隧道呈现"横椭圆"变形，盾构接近和远离时，隧道趋于"竖椭圆"变形；刀盘行进至既有隧道轴线正下方时，扭转和横向拉伸收敛均达到最大，此时是隧道横向变形交错发展的不易控制阶段，现场施工尤其要引起重视。

（5）既有隧道水平位移会随着盾构的掘进来回波动；盾构在隧道正下方穿越时会观察到隧道向前移动的趋势，盾尾脱出后既有隧道水平位移又会恢复；相较隆沉，穿越引起既有隧道水平位移值较小，6.34m 直径的土压平衡盾构机穿越过程中既有隧道水平位移范围为 −3.2～2.9mm，11.66m 直径的泥水平衡盾构机穿越过程既有隧道水平位移范围为 −1.6～1.6mm。

（6）在区间与车站交界处，应注意盾构穿越引起的差异沉降；盾构穿越引起既有隧道与车站二者的最大沉降量达到 9.4mm，平均差异沉降为 2.2mm/m；二次盾构穿越完成后，最终差异沉降稳定在 1.9mm 左右；穿越引起既有隧道的隆沉十分明显，但车站的沉降却并不显著；车站与隧道间的差异沉降将影响列车运行的平顺性，车辆振动可能引起沉降进一步发展，严重时可能导致交接处出现裂缝、渗漏水等病害。

（7）盾构穿越结束后，既有隧道进入长时间的工后沉降；既有隧道沉降速率较大，最大可达 −0.71mm/d，工后沉降值达到 −9.6mm；多次二次注浆能够有效抑制既有隧道的工后沉降速率；工后沉降约在 200d 后达到稳定，沉降量 −16.6～−14.7mm；既有隧道工后沉降量达到了盾构穿越过程变化量的 3～5.7 倍，可见在淤泥质黏土为主的软土地层中，既有隧道工后沉降量在总变形量中占据了很大的比例。

第4章 盾构上跨穿越既有隧道变形影响效应分析

本章分析上跨穿越实际工程案例，讨论研究新建盾构隧道施工对既有隧道结构的安全性和地铁正常运行能力的影响，分析总结在施工过程中既有隧道的沉降变形规律。同时在长期运营后，地铁隧道存在一定的初始变形，在初始变形下受穿越影响的响应值得进一步探究，为后续类似工况施工提供参考。

4.1 盾构上跨穿越既有线影响分析概述

4.1.1 盾构上跨施工对既有地铁隧道的影响

与传统盾构施工工程相比，上跨施工的初始条件是下方既有隧道施工完毕并逐渐达到稳定的状态。新建盾构隧道施工会对周围地层产生扰动，引起应力重分布。施工影响通过土体作用在地铁隧道上，使隧道受力状态发生改变，迫使隧道产生变形或倾斜。当隧道变形超过承载极限，将威胁既有地铁隧道的使用功能与结构安全。

研究表明，盾构隧道近距离施工具有时空效应，指在不同的施工阶段下对既有隧道的影响不同。从盾构机驶近既有隧道且能够造成影响的位置开始到盾构机远离不再对既有隧道产生影响的位置为止，盾构上跨施工对既有隧道的影响过程可划分为以下五个阶段。

阶段一：盾构机从远处向既有隧道驶近，掘进至能对既有隧道产生影响的区域边缘。此时，既有隧道部分区域会发生小幅度的隆沉变形，总体隧道变形可忽略，盾构施工过程中开挖面对土体的压力以及盾壳侧壁与土体产生的摩阻力是本阶段既有隧道产生变形的主要因素。

阶段二：盾构进入上跨施工影响区域，直到盾构开挖面即将达到既有隧道的正上方。将盾构上跨施工对既有隧道的影响区域定义为：沿着盾构推进方向，从盾构机顶部引一条与斜下方既有隧道相切的剪切破坏线，该线与水平方向的夹角为 $45°-\varphi/2$，当开挖面到达此破坏线位置，即认为盾构施工进入上跨施工影响范围。此阶段盾构开挖面的推力以及盾壳的侧摩阻力影响更加明显，盾构机刀盘对前方土体产生挤压，导致下方既有隧道明显下沉，下沉速率与上一阶段相比基本不变。盾构上跨施工影响区域示意图如图 4.1-1 所示。

阶段三：盾构开挖面到达既有隧道正上方。此阶段既有隧道仍主要受开挖

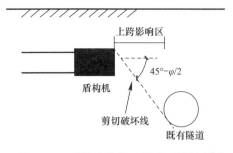

图 4.1-1　盾构上跨施工影响区域示意图

面推力和盾壳侧摩阻力的影响，但是开挖面的推力对既有隧道的影响已达到峰值并逐渐减少，而盾壳侧摩阻力的影响不断增大。此时既有隧道仍处于下沉阶段，但下沉速率明显降低，可通过放慢掘进速度、减弱掌子面推力的方式控制既有隧道变形。与此同时，盾尾同步注浆的环向压力逐步对既有隧道产生影响。

阶段四：开挖面沿轴线继续推进，盾构机尾部盾壳脱离上跨区域。此阶段受开挖面推力影响较小，既有隧道主要受侧摩阻力以及注浆压力的作用。由于上方土体的卸荷作用，既有隧道由沉降变形快速转变为隆起变形，并且上浮速率不断加快。当盾尾盾壳脱离上跨区域，此时刀盘推力与侧摩阻力对既有隧道基本不产生影响，管片与围岩空隙释放的应力以及被开挖土体的体积成为影响既有隧道变形的主要因素。此时同步注浆越及时，注浆压力控制越合理，既有隧道受影响的程度越小。

阶段五：盾构逐渐远离及长期沉降。由于开挖土体的重量大于开挖设备和管片衬砌的重量，下部既有隧道发生明显上浮。既有隧道施工增大了对新旧隧道间土体的扰动，诱发既有隧道进一步变形。同步注浆及二次注浆的方式可减弱既有隧道的上浮趋势，在施工中往往需要采取同步压重、洞内支护等措施抑制既有隧道上浮。

4.1.2　影响盾构上跨施工的主要因素

（1）正面影响因素

1）土仓压力

土仓压力即土压平衡式盾构机在施工过程中用以稳定开挖面而设定的压力。稳定开挖面可以减少刀盘对前方土体的扰动，降低对周围环境的影响。理论上，当土仓压力等于前方水土压力时盾构开挖对周围地层的扰动最小。当土仓压力小于前方水土压力时，开挖面土体处于主动土压力状态，土体向盾构机方向移动；反之，开挖面土体处于被动土压力状态，土体受挤压向前方移动。

在盾构穿越施工中，由于既有隧道的存在，导致原地层的应力场发生改变。当盾构下穿越既有隧道时，上方土体部分位置被既有隧道取代，引起下方土体应力变化。既有隧道和周围土体共同承担由于施工扰动造成的土体应力松弛，从而削弱了开挖面所受的水土压力。盾构上跨穿越时，盾构施工不会产生类似影响，但新建隧道开挖产生的卸荷作用会引起下方既有隧道产生隆起变形。

2）推进及出土速度

盾构近距离穿越施工过程中，盾构机的掘进速度与出土速度是施工参数控制的重点，与开挖面水土压力、千斤顶推力、周围土体力学性质密切相关。而掘进速度与出土速度分别控制着土仓内的进土量与出土量，因土压平衡是通过排土来控制的，因此土仓内进土量与出土量需匹配。当推进速度过快，螺旋输送机的运送量达到上限，切削下来的土体在仓内堆积，会加大开挖面对前方土体的挤压，增大上方已建隧道的隆起或下方已建隧道的沉降；若盾构速度过慢，土仓压力无法与刀盘前方土体维持平衡，将引起地表沉降加剧。由于推进速度、出土量以及土仓压力三种因素之间关联紧密，施工中要持续观测压力计读数，通过及时调整推进速度与出土量，使压力波动尽可能控制在最小范围。

（2）侧面影响因素

1）侧摩阻力

盾构机在施工过程中与周围土体的相对位移发生改变，产生摩擦阻力。侧摩阻力是盾构施工引起周围土层隆起的重要原因，在大小上与开挖面推力具有相同的数量级。侧摩阻力由盾壳与周围土层的摩阻力以及自重产生的摩阻力两个部分组成，尤其对于近距离穿越工程，需特别考虑盾构侧摩阻力的影响。由于土压沿隧道环形分布不同，本节分上下左右四个部分计算土压力，并假定周围土体为单一均质土层，且不考虑地下水的影响。计算简图如图 4.1-2 所示。

2）盾构姿态变化、曲线推进等引起的地层损失

盾构姿态变化、曲线推进等引起的地层损失也是盾构近距离穿越对既有隧道造成影响的重要因素。盾构在土层中向前推进，由于受地层分布不均匀、千斤顶顶力分布不对称、人工操作的误差以及设计曲率等多种因素的影响，盾构姿态随推进发生变化，产生偏移、偏转和俯仰。这些姿态的变化往往会导致盾构切口超挖，引起额外的地层损失。研究表明：实际轴线与设计轴线偏离越大，所引起的地层损失也越大。

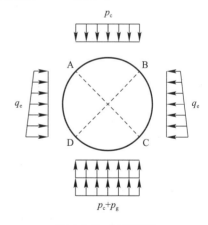

图 4.1-2　计算简图

4.2　隧道施工变形分析

由于盾构施工引起地表沉降，会在开挖断面正上方地表处，形成具有一定宽度的沉降槽，沉降槽的大小对地面变形带来影响，其影响范围内的建（构）筑物可能会产生不同程度的变形，其影响程度大小，与距离沉降槽位置及范围有关。

4.2.1 横向地表沉降

在地下工程施工时，特别是浅埋隧道，往往在地表引起地面沉降。通常是在地表处形成沉降槽，而沉降槽范围可能会很大，影响沉降槽范围内建筑物、地下管线等，沉降槽大小不同，影响程度也不同，这种影响的大小和程度也是不一样的。盾构隧道施工横向沉降槽如图 4.2-1 所示。

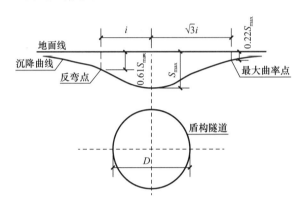

图 4.2-1　盾构隧道施工横向沉降槽

由盾构施工所引起的地表变形，目前主要参考 Peck 公式进行计算，他研究了大量由隧道施工引起的地面沉降曲线，对其实测数据进行分析，随后提出了相应观点。他认为在隧道开挖的同时，会引起地面沉降槽，他假定沉降槽的产生是土体自身发生的，而与地下水没有关系，不受地下水影响。沉降槽的体积计算，主要是考虑隧道开挖损失的体积。于是他得出结论：可以应用正态分布曲线的方式来描述。地面沉降的横向分布规律具体描述，见式（4-2-1）、式（4-2-2）。

$$S(x) = S_{max} e^{-\frac{x^2}{2i^2}}$$
（4-2-1）

$$S_{max} = \frac{V_s}{i\sqrt{2\pi}}$$
（4-2-2）

式中：$S(x)$ 为地面的沉降量值（在距隧道中线 x 处）；S_{max} 为最大沉降量；x 为线路中线至计算点距离；i 为宽度系数；V_s 为在隧道单位长度内地层损失。

V_s、i 是公式中重要参数。在横断面沉降槽确定时，可以直接获取。其地层损失 V_s 值，可以通过式进行计算。

$$V_s = V_1 \pi r_0^2$$
（4-2-3）

式中：V_1 为地层体积损失率；r_0 为盾构机外径。

这里注意 V_1 的取值问题，应考虑地层、施工条件的影响，目前已有相应研究结论，其建议在黏性土中，对于土压平衡盾构隧道，V_1 的取值范围为 $0.5\%\sim$ 2.0%。

对于地面沉降槽宽度 B，一般可取 $B\approx 2.5i$。

$$i=\frac{Z}{\sqrt{2\pi}\tan\left(45-\dfrac{\varphi}{2}\right)} \tag{4-2-4}$$

式中：φ 为隧道周围地层内摩擦角；Z 为从地表到隧道中心距离。

对于 Peck 公式的理解，可以得出如下观点：

（1）图 4.2-1 是由于盾构施工，所引起的地表沉降槽。在沉降曲线中，可以发现曲线中存在反弯点，在反弯点处的沉降值和最大沉降值有一定关系的，约为最大沉降值的 60%。也就是说，在公式中如果用 $x=i$ 进行代入，可以得到在反弯点处沉降量：

$$S(i)=\frac{S_{\max}}{\sqrt{e}}\approx 0.61S_{\max} \tag{4-2-5}$$

（2）地面产生沉降，形成沉降槽，会产生一个倾斜向下的坡度值。而这个的坡度值与隧道中心线上方最大地面沉降 $S_{\max}$ 成正比关系，这就相当于对 Peck 公式进行求导，从而可得到最大曲率半径点的沉降量，其值为：

$$S=e^{-\frac{3}{2}}S_{\max}\approx 0.22S_{\max} \tag{4-2-6}$$

（3）通过对沉降曲线进行积分，得到的积分结果为沉陷断面面积，其计算公式为：

$$A=\sqrt{2\pi}iS_{\max}\approx 2.5iS_{\max} \tag{4-2-7}$$

4.2.2　纵向地表沉降

开挖隧道在横向会产生沉降槽，其实在纵向也是一样的，也会产生沉降槽，所以当结构物位于隧道中线正土方时，所受影响最大。刘建航教授在 1975 年，经过总结上海延东路隧道纵向沉降分布规律，结合前人研究成果，提出负地层损失的概念。结合延东路隧道的大量观测数据，总结得出，纵向沉降值和地层损失的关系见式（4-2-8）。

$$S(y)=\frac{V_{l1}}{\sqrt{2\pi}i}\left\{\varphi\left(\frac{y-y_i}{i}\right)-\varphi\left(\frac{y-y_f}{i}\right)\right\}+\frac{V_{l2}}{\sqrt{2\pi}i}\left\{\varphi\left(\frac{y-y_i}{i}\right)-\varphi\left(\frac{y-y_f}{i}\right)\right\}$$

$$\tag{4-2-8}$$

式中：$S(y)$ 为沉降量值；y 为计算点到原点长度；y_i 为开挖起点到原点距离；y_f 为开挖面到原点距离；V_{l1} 为地层损失；V_{l2} 为由于盾构原因引起的地层损失。

同济大学教授侯学渊提出，针对上海地区，应有专门的统计方法，他对地层沉降的统计方法进行总结，通过分析大量监测数据，采用理论分析、统计分析，提出了式（4-2-9）、式（4-2-10）：

$$S(x,t) = \left[\frac{V_1 + H \times K_x \times t}{\sqrt{2\pi} \times i} \right] \times e^{\left(\frac{x^2}{2 \times i^2}\right)} \tag{4-2-9}$$

$$T = \frac{\sqrt{2\pi} \times P \times i}{E \times K_x} \tag{4-2-10}$$

式中：P 为孔隙水压力平均值（水压在盾构隧道顶部）；t 为土体固结时间；K_x 为土体渗透系数（隧道顶部）；H 为超静孔隙水压力水头；E 为平均压缩模量（隧道顶层土）。

盾构隧道施工会使地表产生纵向沉降槽，纵向沉降槽如图 4.2-2 所示。

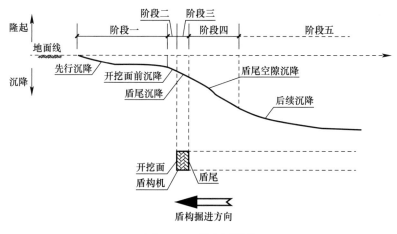

图 4.2-2　纵向沉降槽

（1）先行沉降：在地层前方 3～12m 处，由于地层压缩、固结、地下水位固结产生。

（2）开挖面处沉降、隆起：刀盘受推进力作用，向前推进，开挖面土体会被挤压，进而在一定范围内，便会产生沉降或是隆起。出土速度太快，开挖面土体应力释放，从而产生沉降，与此相反，地表就会产生隆起。

（3）盾尾沉降：沉降产生部位在盾构机尾部，虽然施工时进行同步注浆，但实际同步注浆也是需要一定时间才能完成的，而且注浆液也需要一段时间才能有强度，进而会产生一定程度的沉降。

（4）盾尾空隙沉降：同样也产生在盾构机尾部。盾构机继续向前掘进，土体会产生弹塑性变形，也就是说盾构机掘进过后，土体会产生应力释放，从而会导致土体沉降。

（5）后续沉降：主要产生在盾构建成以后，建成后土体依然在固结沉降，由土体的自身性质决定沉降程度。隧道开挖，因土体应力释放，会导致地表处沉降。在盾构机通过地层时，所产生下沉的原因，主要是盾构机与土体间的摩擦力，会进一步使土体结构破坏，进而产生变形。

4.3　地层变形及结构内力主要影响因素

经过多方向分析研究总结，盾构施工引起地表变形的主要影响因素如下：

（1）土仓压力。使土仓压力平衡，就操作而言是比较困难的。盾构机向前掘进中，难达到理想压力平衡状态。举例来说，如果开挖面压力小于原始土压力，则此时开挖面向盾构内移动，从而会引起盾构上方地表沉降；与此相反，如果开挖面压力大于原始土压力，则会引起开挖面向前移动，那么此时盾构上方地表会产生隆起现象。

（2）同步注浆。注浆量、注浆压力难以控制。盾构机本身钢护筒直径比管片直径大，所以在开挖时必然会超挖。开挖完成后，便可以进行管片拼装，拼装完成，土体和管片之间尚有一定空隙，这些空隙都需要注浆填满，整个过程就是同步注浆。但是，如果同步注浆不能及时进行，或是注浆强度不够，或是注浆效果较差，这时管片上方土体会产生向下移动，移动到地表会产生竖向地表沉降；如果注浆量、注浆压力过大，那么会使管片上方土体向上移动，移动传至地表，则会产生地表隆起。

盾构施工同步注浆，如果开始的时间越晚，土体产生沉降就越多，传到地表的沉降也就越大。所以同步注浆应该开始得越早越好，最好能盾尾一边脱离土层，一边向空隙进行注浆，这样可以在最短的时间完成空隙的填充。但是，在实际操作中，往往很难做到，因此可以采取提高注浆压力和增加注浆量的方法。

注浆压力要进行控制，过大会使浆液进入土层，严重时会使地表隆起，过小空隙填充不足。因此，注浆压力选择要慎重，通常做法是接近或稍小于地层劈裂压力。地层劈裂压力，是地层可以承受的、最大的压力值。在注浆时，超过了地层劈裂压力，浆液就会进入土层，土层体积就会增大，从而引起地表隆起；如果压力稍小于地层劈裂压力，这时，浆液就不会进入土层中，土层不会劈裂，浆液只会进入土层和管片的空隙中。

注浆量控制也要严格进行。理论上来说，注浆量的大小应该和土层与管片间隙体积是一样的。但这和实际情况不同，盾构掘进时，没有注浆前，地表就已经产生了沉降。为了使已经产生的沉降恢复到以前的状态，这时注浆量应该适当增大，比间隙体积要大一些，增大的注浆才可以使地表隆起，才能平衡沉降值。目前，无论国内外在注浆量的选择上，都是一致的，都是要大于间隙体积的。在软黏土地层中，这类土层含水不稳定，在盾构掘进中，土体变形速度非常快，在还没有注浆时，地表可能已经产生了沉降，所以对这种地层来说，要特别重视注浆量控制。

（3）盾构出土量。如果量测发现出土量大于实际开挖情况，这里实际开挖量应乘以松散系数，或是观察发现土体中含有其他土层土体（其他土层指盾构机不在其中的土层），发生以上两种情况，主要注意可能引起地表较大的沉陷。反之如果经过量测或观察发现出土量小于实际开挖量，在盾构开挖面前方，可以产生一定地表隆起。

（4）土体与管片的相互作用。管片会在土压力作用下，产生一定变形，同时管片也会约束土体变形，会产生一定弹性抗力，所以地层变形实际是土体与衬砌相互作用的表现。

（5）盾构机控制。盾构机操作对技术要求也是比较高的，盾构向前掘进，土层会产生扰动，并且产生剪切摩擦，在两者作用下土层产生变形。线路弯曲时，盾构也会转弯，盾构离开隧道中心时，要对盾构纠偏，不管是转向还是纠偏，都会对土体产生扰动，引起土层变形，产生地表沉降，沉降值大小主要与土层性质、隧道埋深、掘进速度等因素有关系，从掘进速度上来说，速度越快越有利于工程尽快完工，如果出现出土速度过慢，会引起地表隆起，同时盾构机也会处在挤压状态，所以掘进速度不能过慢，提高出土能力对于提高掘进速度非常重要。因此在设计掘进速度时，不仅考虑工期，还要考虑盾构出土能力，此外地层条件也会对掘进速度产生影响。

（6）土体主固结、次固结沉降。主固结沉降是指当土体受扰动后，土体中的超静孔隙水压力减小，或是消散，从而引起土体体积减小，产生地面沉降，主固结沉降的时间很长，随着时间的延长，整个土体的内部会发生持续的变形，使整个土体体积不断压缩变小。与此同时，土体也有蠕变变形，只是蠕变速度较慢。土层会在土体蠕变过程中收缩变形，产生沉降，整个过程称为次固结沉降。在灵敏度高、孔隙比较大的土层中，如在软塑土中，土体次固结持续时间很长，往往长达几年以上，次固结沉降所占比例也很高，能达到35%甚至更高。此外，在盾构施工时所注入盾尾孔隙的浆液也会沉降，这个沉降也是固结沉降。

（7）其他影响因素。从盾构机开始掘进，机械便会剪切土体，盾构机掘进过程中，它还会和土层产生摩擦，这些现象都会引起地层损失，进而产生地表沉降。盾构机操作对地层损失影响严重。比如，盾构机后退过程，在开挖面处可能会坍落、松动，产生地层损失，同样会引起地层沉降。如果盾构转弯，推进方向改变，也会引起地层损失。当盾构机偏离中心，就要纠偏，可能会抬头推进，也可能会叩头推进，还可能会曲线推进等，这些操作都使得盾构开挖产生更大超挖，从而引起地层损失，引起地表沉降。总结以上说明，盾构轴线如果与设计轴线交叉角度越大，则这时地层损失也就越大。

总结上述 7 种情况，盾构机施工过程中，所引起地层位移、结构内力的因素很多，其主要包括地层性质如何，是否受地下水影响，隧道直径大小，隧道埋深情况，盾构机掘进参数，当地施工条件等。产生地表沉降往往不是单一因素起作用，是各因素综合作用结果。因此，在研究盾构机施工对周围环境影响时，必须全面考虑各主要因素的影响，综合分析才能得到合理结果。

4.4　考虑初始椭圆度的隧道管片横向变形及内力分析

在地铁隧道建成并投入运营后，地铁隧道将存在一定程度的初始变形或病害，其中横向变形是最普遍的初始变形之一。横向变形过大可能引起隧道结构接缝张开、道床脱开、管片破损、渗漏水等病害。同时，横向椭圆化变形可能改变结构的力学特性，使得既有隧道在邻近施工的附加作用下呈现不同于完整结构的变形与内力分布情况。因此，探究初始椭圆度下既有隧道受穿越影响的力学响应至关重要。本节从初始椭圆度出发，研究初始椭圆度对既有隧道附加横向变形与内力的影响。

4.4.1　考虑初始椭圆度的管片模型

椭圆度是衡量运营地铁隧道断面椭圆化程度的度量，是隧道实际断面形状的长轴与短轴之差与隧道设计断面直径的比值，以千分比表示。计算公式如下：

$$o = \frac{(D_t + \delta_1) - (D_t - \delta_2)}{D_t} = \frac{\delta_1 + \delta_2}{D_t} \tag{4-4-1}$$

式中：δ_1、δ_2 分别为隧道的长轴变化量与短轴变化量；D_t 为既有隧道设计断面直径，椭圆度定义如图 4.4-1 所示。

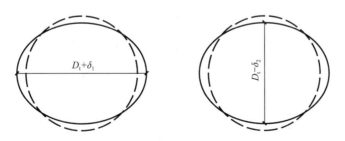

图 4.4-1　椭圆度定义

以软土区域为例，由于软土中的侧压力系数 $K_0 < 1$，既有隧道承受的自重叠加竖向土压力作用大于侧向土压力作用。因此，在不考虑邻近附加荷载作用

下，既有隧道在天然土体中稳定后将发生水平拉伸、竖直向压缩的"横椭圆"变形。为了模拟既有隧道的初始变形情况，本文采用施加初始围压的方式让既有隧道发生一定程度的初始"横椭圆"变形，继而得到不同初始椭圆度的既有隧道结构。

根据椭圆度定义，本文通过施加不同初始荷载得到不同的既有隧道初始椭圆度，进一步将盾构穿越至 $L_s = -20\text{m}$，附加围压施加至既有隧道管片结构上，得到对应椭圆度下既有隧道最终变形与内力分布。然后，将最终变形与内力减去初始荷载下的变形与内力，即可得到考虑初始椭圆度影响的既有隧道管片横向变形与内力情况。

4.4.2 不同初始椭圆度影响情况

《盾构法隧道施工及验收规范》GB 50446—2017 指出地铁盾构隧道的椭圆度限值为盾构隧道直径的 ±6‰；《地铁设计规范》GB 50157—2013 规定隧道拼装成环后，在外荷载作用下，直径累计变化量不得超过 $4‰D$（D 为盾构隧道外径）。刀盘与既有隧道轴线距离 $L_s = -20\text{m}$，椭圆度分别为 2‰、4‰、6‰、8‰、10‰开展隧道纵向 $x = 0$ 处的管片横向变形与内力分析。

（1）横向变形

图 4.4-2 为不同初始椭圆度下既有隧道横向附加变形曲线（放大系数 $k = 100$）。可以发现，未考虑初始椭圆度时既有隧道变形曲线与初始椭圆度为 6‰时相接近，既有隧道发生向后方的拉伸变形，最大沉降值为 11.0mm。但是，当既有隧道椭圆度为 2‰和 4‰时，既有隧道整体横向位移反而较无初始椭圆度时更小，最大沉降值分别为 2.2mm 和 4.9mm。笔者认为可能是因为一方面初始"横椭圆"变形抵消了部分穿越引起的既有隧道"竖椭圆"变形，另一方面适当的"横椭圆"变形使得既有隧道与地层横向接触面积增加，并在隧道拱顶与拱底处受力重分布，形成拱效应，提高了管片抗附加竖向位移的性能。随着椭圆度进一步增大，附加变形增幅明显，此时的初始椭圆度反映了既有隧道的初始病害缺陷，进一步放大了穿越引起的附加变形。另外，相较于直径增加引起既有隧道向下沉降，初始椭圆度变化还引起既有隧道斜向后方的拉伸变形。

图 4.4-3 为既有隧道横向附加收敛变形与初始椭圆度的关系。由图可知，既有隧道横向附加收敛变形与初始椭圆度呈指数关系变化。当既有隧道无初始椭圆度时，既有隧道发生竖向拉伸的竖椭圆变形，收敛变形值约为 1.6mm。当初始椭圆度小于 6‰时，横椭圆变形抑制了盾构穿越引起的既有隧道收敛变形增长；当椭圆度大于 8‰后，初始椭圆度使结构抵抗变形性能变差，既有隧道收敛变形加速发展。图 4.4-4 展示了不同初始椭圆度下盾构穿越引起既有隧道椭圆度变化

情况，可以看到，盾构穿越引起既有隧道整体从横椭圆变形向竖椭圆变形转变，且随着初始椭圆度不断增加转变趋势愈加明显。

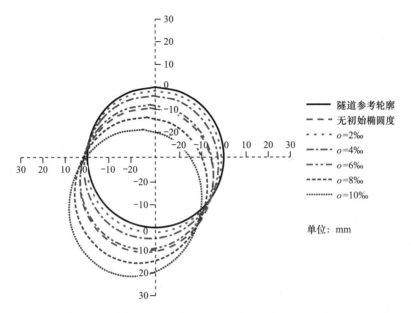

图 4.4-2 不同初始椭圆度下既有隧道横向附加变形曲线（放大系数 $k=100$）

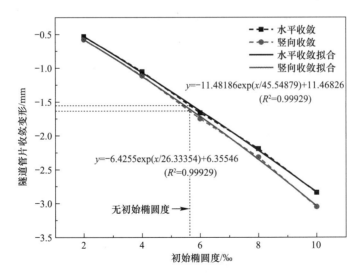

图 4.4-3 既有隧道横向附加收敛变形与初始椭圆度的关系

（2）横向内力

图 4.4-5～图 4.4-7 分别展示了不同初始椭圆度下盾构穿越引起既有隧道环向弯矩、剪力与轴力分布情况。由图可知，未考虑既有隧道初始椭圆度时，其各

项内力分布与椭圆度为 6‰的横向内力分布相近。随着初始椭圆度增大，各项内力分布均增大。最大正弯矩从 19.8kN·m/m 发展至 27.8kN·m/m，最大负弯矩从−19.7kN·m/m 发展为−27.5kN·m/m。最大负剪力变化范围为−15.1～−11.6kN/m，最大正剪力变化范围为 10.8～14.7kN/m。最大轴力从 72.5kN/m 发展至 80.1kN/m。当椭圆度小于 6‰时，既有隧道内力相较无椭圆度时更小，这与附加横向变形曲线的发展规律相一致。可见，适当的初始椭圆变形在一定程度上能够减小盾构穿越对既有隧道变形的附加影响。

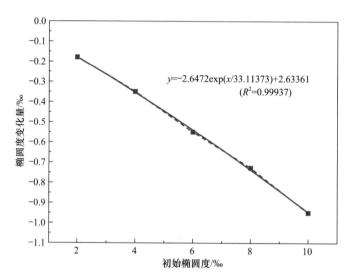

图 4.4-4　不同初始椭圆度下盾构穿越引起既有隧道椭圆度变化情况

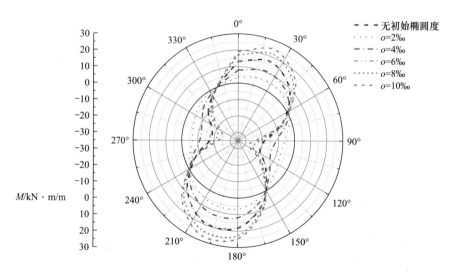

图 4.4-5　不同初始椭圆度下既有隧道环向弯矩

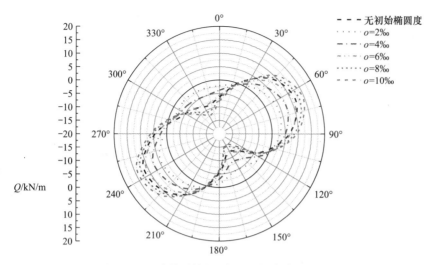

图 4.4-6　不同初始椭圆度下既有隧道环向剪力

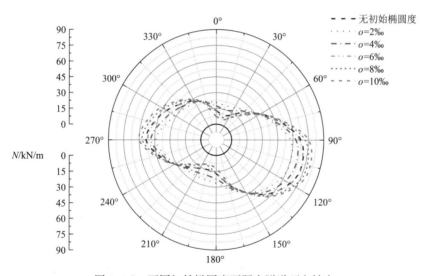

图 4.4-7　不同初始椭圆度下既有隧道环向轴力

4.5　杭州地铁 7 号线上跨地铁 1 号线案例分析

4.5.1　工程概况

1. 新建盾构隧道概况

地铁 7 号线新建 A 区间隧道位于规划 H 路（规划道路红线宽 37m，现状为住宅）与规划 W 路交叉路口，沿规划 H 路南北向布置，项目平面布置图如图 4.5-1 所示。

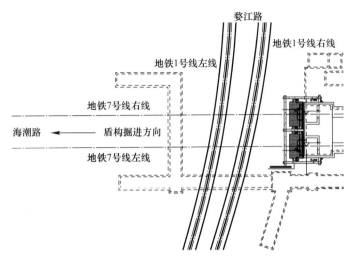

图 4.5-1　项目平面布置图

A 区间盾构隧道外径为 6.2m 的单圆盾构隧道，内径为 5.5m，环向分 6 块，采用 5.8 级螺栓连接，用直线环加转弯环进行错缝拼装，壁厚 0.35m，环宽 1.2m，采用 C50 混凝土，起止里程为 YDK1＋919.819～YDK2＋916.014，间距 14.6～16.2m，埋深 8.2～20.3m。拟建隧道在 YDK2＋855～YDK2＋883 段上跨已运营地铁 1 号线，两区间隧道以 80°斜交，如图 4.5-2 所示。7 号线斜交上穿既有地铁 1 号线隧道段埋深约 8.2m，左右线间距约 15.8m，涉长度约 29m，与地铁 1 号线最小净距约 1.95m，如图 4.5-3 所示，所处土层为③₃ 粉砂和③₅ 粉砂夹砂质粉土。

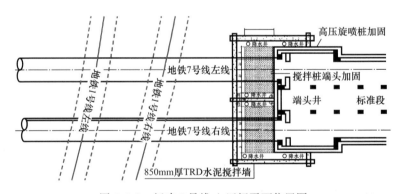

图 4.5-2　新建 7 号线 A 区间平面位置图

2. 既有隧道结构现状

既有地铁 1 号线 B 区间所处的土层为砂质粉土、淤泥质粉质黏土夹粉土、粉质黏土层，该区间于 2012 年开通运营，目前运营情况稳定。既有隧道管片外

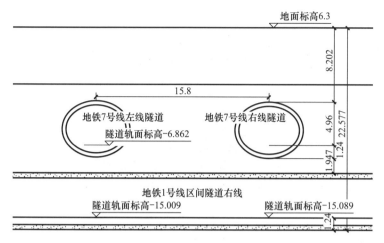

图 4.5-3　新建 7 号线隧道与既有 1 号线隧道剖面关系图（m）

径为 6.2m，内径为 5.5m，衬砌采用直线环加转弯环进行错缝拼装，壁厚 0.35m，环宽 1.2m。

既有地铁 1 号线（左线：K10＋477.916～K10＋605.066；右线：K10＋479.504～K10＋610.226）的埋深为 16.4m，线间距为 16m。区间隧道的左线（下行线）K10＋477.916～K10＋605.066；区间隧道的右线（上行线）：K10＋479.504～K10＋610.226 范围内的隧道的收敛情况如图 4.5-4、图 4.5-5 所示。

由图 4.5-4 可知，在上述范围内的地铁 1 号线左线（下行线）收敛值超过 30mm 的共有 3 处，离影响源约 45m。断面收敛最大值为 34.3mm，处于 K10＋477.624 附近离影响源约 50m。

由图 4.5-5 可知，在上述范围内的地铁 1 号线右线（上行线）收敛值超过 30mm 的共有 21 处，超过 35mm 的共有 5 处，距影响源约 40m。断面收敛最大值为 41.0mm，处于 K10＋603.545 附近，距影响源约 35m。

区间隧道右线对应地铁 7 号线上穿段范围内的收敛值未超过 25mm，最大值为 22.6mm，处于 K10＋543.250 附近。

根据《城市轨道交通结构安全保护技术规范》CJJ/T 202—2013 并结合现有 B 区间隧道现状的情况，认定本项目施工影响范围的既有地铁 1 号线的结构安全状况为Ⅱ类。即既有地铁 1 号线的左线（下行线）K10＋477.916～K10＋605.066；地铁 1 号线的右线（上行线）：K10＋479.504～K10＋610.226 的安全状况为Ⅱ类。

3. 场地工程地质条件

（1）场地工程地质情况

根据杭州地铁 7 号线地质详勘资料显示：上跨区域地质情况从上至下依次为：

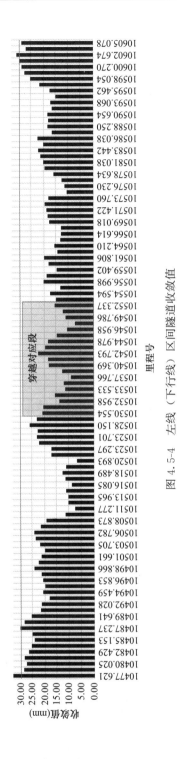

图 4.5-4　左线（下行线）区间隧道收敛值

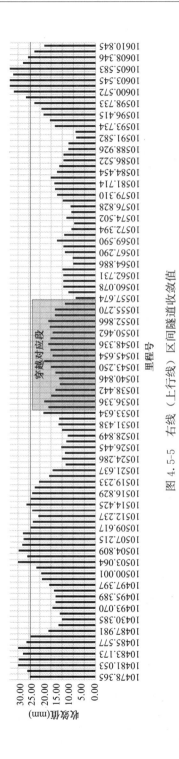

图 4.5-5　右线（上行线）区间隧道收敛值

①₁ 杂填土、①₂ 素填土、②₃₂ 砂质粉土、③₂ 砂质粉土、③₃ 粉砂、③₄ 砂质粉土、③₅ 粉砂夹砂质粉土、③₇ 砂质粉土、⑥₂ 淤泥质粉质黏土夹粉土、⑦₂ 粉质黏土、⑧₁ 黏土、⑧₂ 粉质黏土、⑩₂ 粉质黏土夹粉砂、⑫₄ 圆砾。各土层概述如下：

①₁ 层杂填土：杂色、灰色、灰黄色，松散。成分以黏性土混碎块石为主，夹大量建筑垃圾和少量生活垃圾，土质不均匀。拟建场地全场分布。

①₂ 层素填土：灰褐色、灰黄色、浅灰色，松散，稍湿。以粉（黏）性土为主，夹少量碎砾石，偶见建筑垃圾。沿线场地部分分布。

②₃₂ 层砂质粉土：灰黄色、浅灰色，很湿，局部夹少量黏性土。拟建场地全场分布。

③₂ 层砂质粉土：浅黄色、黄灰色，稍密，很湿，局部夹较多粉砂或少量黏性土团块。拟建场地局部缺失。

③₃ 层粉砂：灰色、黄灰色，很湿，含氧化铁斑点及少量云母碎屑，夹少量薄层黏性土。拟建场地全场分布。

③₅ 层粉砂夹砂质粉土：灰绿色、黄绿色，饱和，中密状态，局部为稍密。含云母碎屑，局部夹少量黏性土团块。拟建场地全场分布。

③₇ 层砂质粉土：灰色、灰褐色，湿，稍密，含云母碎屑，局部夹薄层流塑状淤泥质粉质黏土。拟建场地全场分布。

⑥₂ 层淤泥质粉质黏土夹粉土：灰色、褐灰色，流塑，含有机质、腐殖质及云母碎屑，局部夹粉土薄层，呈不均匀分布。拟建场地全场分布。

⑦₂ 层粉质黏土：灰黄色、褐黄色，可塑状，局部夹少量粉土，偶见姜结石。拟建场地全场分布。

⑧₁ 层黏土：灰色、局部为青灰色，软塑为主，局部为流塑，局部见腐殖质。

⑧₂ 层粉质黏土：灰色、褐灰色，软塑，局部为流塑，无摇震反应，光泽反应较光滑，干强度高，韧性中等，含有机质，局部夹大量牡蛎，局部夹较多粉砂，含量为 10%～30%，黏塑性一般，含云母碎屑。拟建场地全场分布。

⑩₂ 层粉质黏土夹粉砂：浅灰色、褐灰色，软塑，局部夹较多粉砂。拟建场地全场分布。

⑫₄ 层圆砾：褐黄色，饱和，密实状态，卵砾石含量 55%～65%，粒径一般为 0.2～6cm，个别大于 10cm。

其中既有地铁 1 号线 B 区间隧道主要处于③₅ 粉砂夹砂质粉土、③₇ 砂质粉土、⑥₂ 砂质粉质黏土夹粉土、⑦₂ 粉质黏土地层中。

（2）水文地质情况

场地内水文地质情况总体较为简单，场区周边无地表水系，场区地下水根据含水介质、水动力特征和赋存条件不同主要分为松散岩类孔隙潜水和松散岩类孔隙承压水。

1）松散岩类孔隙潜水

拟建场地潜水主要赋存于浅（中）部填土层、粉（砂）性土中。场地的浅部潜水对混凝土结构具有微腐蚀性；在干湿交替环境条件下对钢筋混凝土结构中的钢筋具有微腐蚀性；在长期浸水环境条件下对混凝土结构中的钢筋均具有微腐蚀性。

2）松散岩类孔隙承压水

沿线场地承压水埋深较深，隔水顶板 10.0～12.0m。区域承压水最高水位一般出现在 2 月左右，最低水位一般出现在 8 月左右，年水位变化幅度约为 3m。场地承压水对混凝土结构具有微腐蚀性；在长期浸水条件下对钢筋混凝土中钢筋具有微腐蚀性。

4.5.2　施工监测

在新建 A 区间隧道施工过程中，盾构隧道每掘进一环都会对既有隧道及周围土体产生影响，既有隧道承担着大量客运运输任务，运营隧道发生沉降变形极容易危及其运营安全，因此必须对新建盾构隧道影响范围内的既有隧道实施动态监控，及时掌握既有隧道的位移变化，确保整个建设过程平稳安全。

依据《杭州市城市轨道交通运营管理办法》（杭州市人民政府令第 289 号），规定在既有运营隧道两侧各 50m 范围内设立地铁建设规划控制区，因此为了确保新建盾构隧道施工过程中降低对既有运营隧道的影响，在严格执行施工方案做好保护的同时，应及时收集两者的监测数据，为下一步决策指导施工提供依据。本工程监测的目的主要有：

（1）通过有效的盾构隧道监测，判断施工工艺和施工参数是否符合或达到预期要求，结合邻近地铁的保护要求，及时对下一步的施工工艺和施工进度加以控制与调整，实现信息化施工；

（2）通过对盾构隧道的监测，及时发现施工过程中的变形发展趋势，为邻近地铁保护提供判断依据，积累相关工程经验；

（3）采用自动化的监测手段，提供高效、高精度、实时的监控数据，实时掌握本工程盾构隧道施工过程中对运营隧道的影响，确保运营线路的安全可控；

（4）根据保护区监测数据，反映运营隧道结构的变形过程和变形状态，为评价邻近施工活动对轨道交通结构的影响程度提供依据。

1. 监测范围

依据《杭州市城市轨道交通运营管理办法》（杭州市人民政府令第 269 号）规定在既有运营隧道两侧各 50m 范围内设立地铁建设控制保护区，既有地铁 1 号线运营隧道控制区保护范围如图 4.5-6 所示。由于车站基坑边缘距离既有运营地铁 1 号线 B 区间右线仅为 21.348m，因此可以认为盾构机始发开始即对既有运营隧道产生影响。

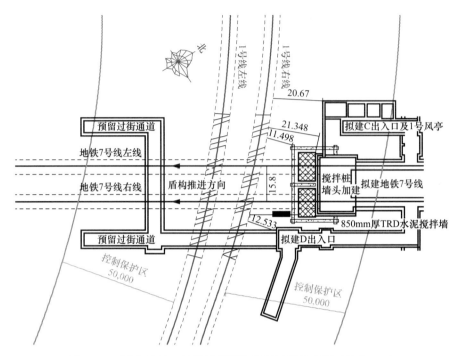

图 4.5-6　既有地铁 1 号线运营隧道控制区保护范围（单位：m）

根据既有 1 号线运营隧道控制区的保护范围，结合《城市轨道交通工程监测技术规范》等有关规范要求，对既有地铁 1 号线运营隧道进行监测点布设。

地铁 1 号线 B 区间监测点布设右线起始里程为 K10＋444，终点里程 K10＋636，对应的盾构区间为 S435～S595，左线起始里程 K10＋445，终点里程 K10＋637，对应的盾构区间为 X435～X595，左、右线各布设 31 个自动化监测点。

地铁 1 号线 B 区间在新建地铁 7 号线 A 区间盾构隧道 50m 控制保护区范围外每 10 环布设一个监测点，布点范围为右线 S435～S475、S555～S595，左线 X435～X475、X555～X595，左、右线共各 10 个监测点；50m 控制保护区范围至地铁 1 号线与地铁 7 号线交汇外缘为每 5 环布设一个监测点，布点范围为右线 S475～S505、S535～S555，左线 X475～X505、X535～X555，左、右线共各 10 个监测点；地铁 1 号线与地铁 7 号线交汇范围内每 2～3 环布设一个监测点，布点范围为右线 S505～S535，左线 X505～X535，左、右线共各 11 个监测点。

2. 监测频率及控制值

根据现场资料并结合工程地质情况，在 A 区间盾构施工时，采用人工监测和自动化监测相结合方式对既有运营的地铁 1 号线 B 区间隧道变形进行安全保护监测。自动化及人工监测剖面图如图 4.5-7 所示。

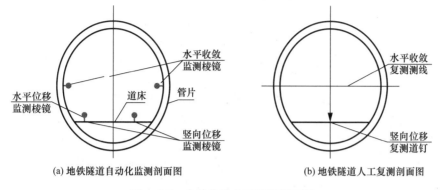

(a) 地铁隧道自动化监测剖面图　　　　　(b) 地铁隧道人工复测剖面图

图 4.5-7　自动化及人工监测剖面图

　　依据《城市轨道交通工程监测技术规范》GB 50911—2013，并结合省、市、杭州地铁集团有关管理规定，确定该工程隧道盾构穿越施工时的监测控制值。监测时段是从盾构隧道进洞穿越开始，到盾构机驶出 50m 地铁保护区范围。在各监测数据最近 100d 变化速率小于 0.02mm/d 时，且经过监测停测会议同意后为止。既有隧道监测项目、监测控制值及监测频率如表 4.5-1～表 4.5-3 所示。

既有隧道监测项目、监测控制值表　　　　　　　　表 4.5-1

序号	监测项目	预警值	报警值	控制值	备注
1	道床竖向位移	±4.8mm	±6.4mm	±8.0mm	连续 2d 同方向变形超过 ±0.6mm/d，单日超过 ±1mm
2	道床水平位移	±3.6mm	±4.8mm	±8.0mm	
3	管片水平收敛	±3.9mm	±5.2mm	±6.5mm	
4	轨道高程变位	±3.9mm	±5.2mm	±6.5mm	

新建盾构隧道穿越既有隧道期间人工监测频率　　　　　表 4.5-2

监测项目		监测频率		
		盾构穿越前	盾构穿越时	盾构穿越后
人工监测	基准点联测	1次/1月	1次/1月	1次/1月
	自动化复测	1次/1月	2次/1周	1次/1月
	地铁结构巡视	1次/1月	1次/1天	1次/1月

新建盾构隧道穿越既有隧道期间自动化监测频率　　　　表 4.5-3

监测阶段	监测项	频率
盾构穿越前	竖向位移、轨道高程变位、水平位移、净空收敛	4次/1d
上行线盾构穿越时	竖向位移、水平位移、净空收敛	1次/15min
下行线盾构穿越时	竖向位移、水平位移、净空收敛	1次/15min
盾构穿越后	竖向位移、轨道高程变位、水平位移、净空收敛	4次/1d

　　注：1. 当监测数据速率明显增大或是突变、施工现场出现险情时，加大自动化监测频率。
　　　　2. 各监测项目的开展、监测范围的扩展，随基坑施工进度不断推进。
　　　　3. 各人工监测项目监测频率根据实际监测点情况进行。

4.5.3　数据分析

本节结合新建盾构隧道上穿施工阶段的划分，采用人工监测和自动化监测相结合的手段来收集新建地铁 7 号线 A 盾构区间上穿已运营的地铁 1 号线 B 区间研究影响范围内的隧道结构监测值，通过对既有地铁 1 号线研究范围内各监测点监测数据的变化情况分析新建盾构隧道上穿时对既有隧道的竖向位移变形规律。

1. 新建盾构隧道穿越施工情况

2020 年 7 月 14 日～2020 年 7 月 19 日，地铁 7 号线右线盾构始发准备阶段，同时也是地铁 1 号线盾构隧道先行沉降阶段，因为地铁 7 号线盾构始发端头在既有地铁 1 号线 50m 控制范围内，因此盾构始发便进入影响区域。2021 年 7 月 21 日，地铁 7 号线右线刀盘进入地铁 1 号线右线隧道结构边缘，开始上穿地铁 1 号线既有隧道，于 2021 年 7 月 26 日盾尾脱离驶出地铁 1 号线左线结构边缘，2021 年 8 月 14 日，右线盾构通过地铁 1 号线 50m 控制保护范围。

2021 年 1 月 2 日～2021 年 1 月 6 日，是地铁 7 号线左线盾构始发准备阶段，于 2021 年 1 月 8 日盾构机刀盘抵达地铁 1 号线右线隧道结构边缘，开始上穿地铁 1 号线隧道，1 月 13 日驶出地铁 1 号线左线隧道结构边缘，并于 1 月 25 日盾尾脱离地铁 1 号线 50m 控制保护范围。

在地铁 7 号线右线盾构隧道上穿既有地铁 1 号线时，既有地铁 1 号线右线、左线隧道结构竖向变形较大。在新建盾构隧道右线盾尾脱离、后续变形阶段的时候，既有隧道右线、左线最大竖向位移变化累计值超过 2mm。鉴于新建隧道右线的盾构施工经验，在左线上穿既有隧道施工时，将土仓压力由 0.18～0.20MPa 提升到 0.20～0.22MPa，并增加同步注浆量以减少既有隧道竖向位移变形。

2. 穿越施工监测数据情况

该新建盾构隧道右线上穿工程从 2020 年 7 月 14 日右线洞门破除开始至 2020 年 8 月 14 日驶出地铁 1 号线 50m 控制保护范围结束，左线上穿工程从 2021 年 1 月 2 日左线洞门破除开始到 2021 年 1 月 25 日驶出地铁 1 号线 50m 控制保护范围为止。

监测数据主要分为地铁 7 号线右线上穿和地铁 7 号线左线上穿两个部分，并将 S435、X435 作为既有地铁 1 号线沿轴线纵向位移起算点。

（1）地铁 7 号线右线上穿时既有地铁 1 号线竖向位移监测情况

既有地铁 1 号线右线、左线布设的监测点为 S435～S595，X435～X595，各阶段竖向位移变化汇总值如表 4.5-4、表 4.5-5 所示，各阶段变形轴线沉降槽如图 4.5-8、图 4.5-9 所示。

既有地铁 1 号线右线各阶段监测点累计竖向变化值　　　　表 4.5-4

监测点	阶段划分				
	先行沉降阶段/mm	刀盘抵达前阶段/mm	盾构穿越阶段/mm	盾构脱离阶段/mm	后期沉降阶段/mm
S435	0.12	0.18	0.24	0.35	0.46
S445	0.14	0.21	0.28	0.36	0.49
S455	0.16	0.25	0.31	0.38	0.53
S465	0.18	0.28	0.35	0.42	0.65
S475	0.20	0.32	0.39	0.48	0.72
S480	0.23	0.35	0.43	0.51	0.76
S485	0.22	0.36	0.47	0.56	0.88
S490	0.25	0.37	0.51	0.62	0.87
S495	0.27	0.38	0.54	0.68	0.95
S500	0.30	0.40	0.59	0.72	1.20
S505	0.33	0.42	0.65	0.92	1.36
S508	0.32	0.43	0.72	0.98	1.63
S510	0.34	0.45	0.88	1.28	1.8
S513	0.34	0.46	1.06	1.52	1.98
S515	0.33	0.48	1.35	1.78	2.13
S518	0.34	0.48	1.63	1.98	2.31
S520	0.34	0.52	1.73	2.22	2.51
S523	0.36	0.58	2.15	2.39	2.64
S525	0.38	0.64	2.38	2.50	2.72
S528	0.36	0.59	2.26	2.43	2.67
S530	0.34	0.56	2.18	2.43	2.59
S533	0.33	0.52	1.89	2.15	2.45
S535	0.31	0.48	1.56	1.98	2.26
S540	0.28	0.46	1.16	1.52	1.89
S545	0.26	0.42	0.84	1.18	1.59
S550	0.23	0.36	0.69	0.88	1.20
S555	0.22	0.33	0.56	0.71	0.93
S565	0.19	0.29	0.42	0.52	0.75
S575	0.16	0.23	0.33	0.42	0.67
S585	0.13	0.18	0.26	0.38	0.58
S595	0.12	0.16	0.22	0.32	0.48

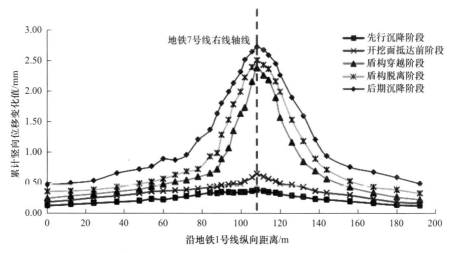

图 4.5-8　既有地铁 1 号线右线各阶段监测点沉降槽

既有地铁 1 号线左线各阶段监测点累计竖向变化值　　　　表 4.5-5

监测点	阶段划分				
	先行沉降阶段 /mm	刀盘抵达前阶段 /mm	盾构穿越阶段 /mm	盾构脱离阶段 /mm	后期沉降阶段 /mm
X435	0.13	0.16	0.23	0.35	0.48
X445	0.15	0.18	0.28	0.38	0.52
X455	0.18	0.21	0.31	0.42	0.56
X465	0.2	0.24	0.36	0.48	0.66
X475	0.21	0.29	0.42	0.56	0.74
X480	0.24	0.31	0.46	0.61	0.79
X485	0.26	0.36	0.52	0.66	0.85
X490	0.28	0.38	0.58	0.71	0.93
X495	0.26	0.41	0.63	0.75	0.99
X500	0.29	0.43	0.71	0.88	1.19
X505	0.31	0.45	0.81	1.11	1.58
X508	0.30	0.46	1.08	1.51	1.89
X510	0.28	0.47	1.29	1.75	2.13
X513	0.31	0.49	1.53	2.01	2.31
X515	0.30	0.51	1.85	2.11	2.41
X518	0.31	0.54	2.06	2.26	2.51
X520	0.29	0.56	2.15	2.38	2.58
X523	0.32	0.58	2.34	2.44	2.62

续表

监测点	阶段划分				
	先行沉降阶段 /mm	刀盘抵达前阶段 /mm	盾构穿越阶段 /mm	盾构脱离阶段 /mm	后期沉降阶段 /mm
X525	0.31	0.57	2.27	2.39	2.58
X528	0.29	0.55	1.98	2.24	2.52
X530	0.27	0.53	1.76	2.08	2.42
X533	0.23	0.48	1.35	1.72	2.22
X535	0.26	0.45	1.11	1.53	1.98
X540	0.28	0.41	0.82	1.08	1.36
X545	0.29	0.38	0.61	0.77	0.97
X550	0.27	0.35	0.46	0.61	0.78
X555	0.24	0.32	0.44	0.53	0.63
X565	0.23	0.28	0.37	0.46	0.57
X575	0.18	0.21	0.33	0.43	0.53
X585	0.15	0.19	0.28	0.39	0.49
X595	0.12	0.15	0.23	0.33	0.44

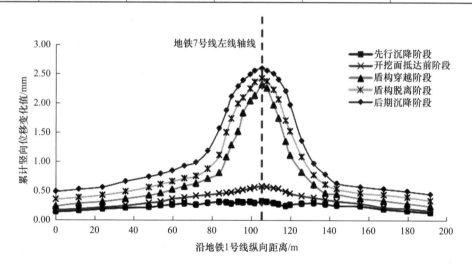

图 4.5-9　既有地铁 1 号线左线各阶段监测点沉降槽

为了分析地铁 7 号线右线上穿既有地铁 1 号线右线、左线过程中既有地铁 1 号线竖向位移变化过程，选取了地铁 7 号线与地铁 1 号线相交区域监测点 S525、X523，研究分析在各阶段 S525 和 X523 两点竖向位移变化情况，S525 和 S523 监测点竖向位移变化情况如图 4.5-10 所示。

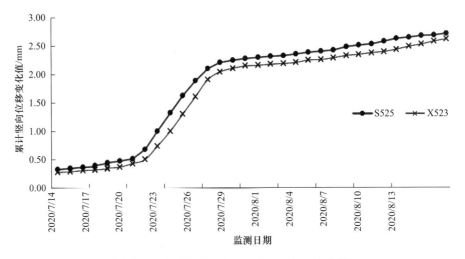

图 4.5-10　S525 和 S523 监测点竖向位移变化情况

从图 4.5-8～图 4.5-10 可知，在地铁 7 号线右线始发前有一段先行竖向位移，数值约 0.3mm，这是因为本研究始发端的车站为新建车站，在盾构始发前，新建车站已对既有地铁 1 号线产生了的竖向沉降位移变化；地铁 7 号线右线盾构隧道施工过程中，既有地铁 1 号线竖向位移变化值为正，这是由于新建盾构开挖卸载造成周围地层应力释放，对开挖面下方的土体和既有隧道产生扰动，从而使得既有地铁 1 号线上浮；地铁 7 号线上穿既有地铁 1 号线期间，既有地铁 1 号线右线、左线隧道最大累计变化值为 2.72mm、2.62mm，最大累计竖向位移变化值出现在两盾构隧道交汇处；新建盾构隧道右线上穿既有隧道过程中，既有隧道沿轴线竖向位移变形的显著影响区域为 90～120m（两隧道交汇处位置为 108m，左线轴线位移为 105.2m），较为显著的影响区域为 60～90m、120～156m；各施工阶段沿既有地铁 1 号线纵向方向的沉降槽与 Peck 公式预测基本吻合，呈正态分布；既有地铁 1 号线隧道上浮主要发生在盾构穿越阶段、盾尾脱离阶段以及后期上浮阶段。

（2）地铁 7 号线左线上穿时既有地铁 1 号线监测情况

既有地铁 1 号线右线、左线布设的监测点为 S435～S595，X435～X595，各阶段竖向位移变化汇总值如表 4.5-6、表 4.5-7 所示，各阶段变形轴线沉降槽如图 4.5-11、图 4.5-12 所示。

为了分析地铁 7 号线左线上穿既有地铁 1 号线右线、左线过程中既有地铁 1 号线竖向位移变化过程，选取了地铁 7 号线与地铁 1 号线相交区域监测点 S513、X510，研究分析在各阶段 S513 和 X510 两点竖向位移变化情况，S513 和 X510 监测点竖向位移变化情况如图 4.5-13 所示。

既有地铁 1 号线右线各阶段监测点累计竖向变化值　　表 4.5-6

监测点	阶段划分				
	先行沉降阶段 /mm	刀盘抵达前阶段 /mm	盾构穿越阶段 /mm	盾构脱离阶段 /mm	后期沉降阶段 /mm
S435	0.48	0.49	0.52	0.53	0.56
S445	0.52	0.54	0.59	0.60	0.63
S455	0.56	0.58	0.64	0.66	0.68
S465	0.66	0.69	0.76	0.80	0.84
S475	0.74	0.80	0.88	0.92	0.98
S480	0.79	0.89	1.01	1.06	1.15
S485	0.85	1.03	1.23	1.30	1.43
S490	0.93	1.21	1.41	1.52	1.69
S495	0.99	1.18	1.53	1.63	1.79
S500	1.19	1.58	1.72	1.83	1.99
S505	1.58	1.98	2.26	2.49	2.68
S508	1.89	2.29	2.58	2.73	3.00
S510	2.13	2.45	2.79	2.89	3.18
S513	2.31	2.59	2.85	3.04	3.29
S515	2.43	2.69	2.93	3.11	3.37
S518	2.58	2.65	2.85	3.07	3.26
S520	2.69	2.83	2.91	3.08	3.27
S523	2.75	2.88	3.05	3.16	3.39
S525	2.68	2.79	2.93	3.09	3.31
S528	2.52	2.65	2.77	2.89	3.17
S530	2.42	2.49	2.68	2.53	3.09
S533	2.22	2.39	2.53	2.71	2.93
S535	1.98	2.29	2.38	2.53	2.81
S540	1.36	1.75	1.98	2.12	2.33
S545	0.97	1.19	1.65	1.89	2.04
S550	0.78	0.89	1.19	1.43	1.89
S555	0.63	0.71	0.89	1.06	1.36
S565	0.57	0.65	0.71	0.79	0.85
S575	0.53	0.59	0.64	0.69	0.74
S585	0.49	0.53	0.59	0.63	0.66
S595	0.44	0.49	0.53	0.55	0.58

注：竖向位移变化正值表示上浮，负值表示下沉。

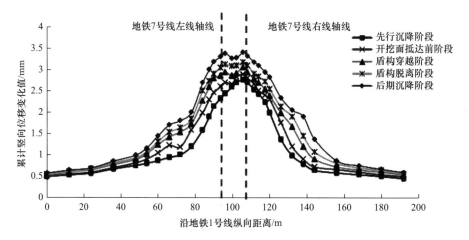

图 4.5-11　既有地铁 1 号线右线各阶段监测点沉降槽

既有地铁 1 号线左线各阶段监测点累计竖向变化值　　　　　　表 4.5-7

监测点	阶段划分				
	先行沉降阶段 /mm	刀盘抵达前阶段 /mm	盾构穿越阶段 /mm	盾构脱离阶段 /mm	后期沉降阶段 /mm
X435	0.48	0.49	0.52	0.53	0.56
X445	0.52	0.54	0.59	0.60	0.63
X455	0.56	0.58	0.64	0.66	0.68
X465	0.66	0.69	0.76	0.80	0.84
X475	0.74	0.80	0.88	0.92	0.98
X480	0.79	0.89	1.01	1.06	1.15
X485	0.85	1.03	1.23	1.30	1.43
X490	0.93	1.21	1.41	1.52	1.69
X495	0.99	1.28	1.53	1.63	1.79
X500	1.19	1.58	1.72	1.83	1.99
X505	1.58	2.02	2.26	2.41	2.68
X508	1.98	2.32	2.51	2.73	2.89
X510	2.26	2.49	2.65	2.81	3.02
X513	2.43	2.59	2.71	2.89	3.09
X515	2.41	2.53	2.65	2.84	3.01
X518	2.39	2.51	2.63	2.83	2.98
X520	2.44	2.58	2.72	2.87	3.05
X523	2.53	2.67	2.79	2.93	3.12
X525	2.49	2.59	2.71	2.85	3.06
X528	2.42	2.53	2.63	2.83	2.98

续表

监测点	阶段划分				
	先行沉降阶段 /mm	刀盘抵达前阶段 /mm	盾构穿越阶段 /mm	盾构脱离阶段 /mm	后期沉降阶段 /mm
X530	2.31	2.44	2.53	2.72	2.89
X533	2.13	2.31	2.44	2.61	2.73
X535	1.98	2.22	2.36	2.53	2.65
X540	1.36	1.68	1.98	2.12	2.33
X545	0.97	1.11	1.53	1.89	2.04
X550	0.78	0.89	1.03	1.43	1.77
X555	0.63	0.71	0.89	1.06	1.26
X565	0.57	0.65	0.71	0.79	0.85
X575	0.53	0.59	0.64	0.69	0.74
X585	0.49	0.53	0.59	0.63	0.66
X595	0.44	0.49	0.53	0.55	0.58

注：竖向位移变化正值表示上浮，负值表示下沉。

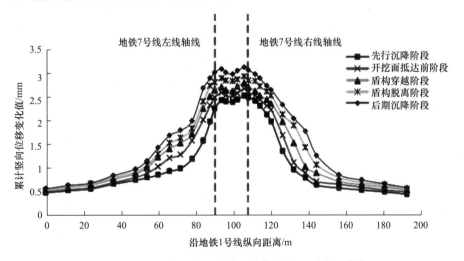

图 4.5-12　既有地铁 1 号线左线各阶段监测点沉降槽

从图 4.5-12～图 4.5-14 可知，在地铁 7 号线左线始发前有一段先行竖向位移，数值约 2.5mm，这是由于前期新建车站及地铁 7 号线右线盾构施工引起的累计竖向变形；地铁 7 号线左线盾构隧道二次穿越，既有地铁 1 号线累计竖向位移变化值为正，表现为隆起上浮，既有地铁 1 号线右线、左线竖向位移变形曲线基本一致，沿既有地铁 1 号线纵向距离变形曲线大致呈双波峰 M 形曲线，既有地铁 1 号线左线较右线最大累计变化值有所增加；地铁 7 号线左线上穿既有地铁 1 号线期间，既有 1 号线右线、左线隧道最大累计竖向位移变化值为 3.39mm、

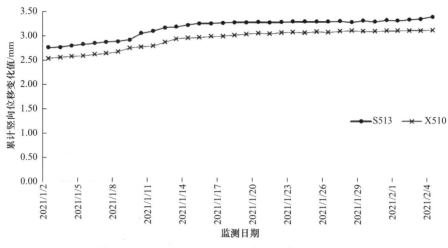

图 4.5-13　S513 和 X510 监测点竖向位移变化情况

3.12mm，竖向位移变化最大值均由地铁 7 号线隧道中心线位置向中间区域偏移，其偏移量约 3m，沿地铁 7 号线隧道纵向距离 84～126m 的既有地铁 1 号线隧道竖向位移变化值明显大于两侧区域，这是由于中间区域的竖向位移是受到地铁 7 号线右线、左线先后盾构上穿后的耦合影响，从而使中间区域的竖向累计位移大于两侧区域。既有地铁 1 号线隧道上浮主要发生在盾构穿越阶段、盾尾脱离阶段以及后期上浮阶段。

3. 变形规律分析

地铁 7 号线 A 区间右线上穿地铁 1 号线 B 区间，既有地铁 1 号线右线、左线最大竖向位移累计变化值分别为 2.72mm、2.62mm，左线上穿既有地铁 1 号线 B 区间，既有地铁 1 号线右线、左线最大竖向位移累计变化值分别为 3.39mm、3.12mm。

两条隧道相交汇区域的监测点把既有地铁 1 号线道床竖向变形过程分成了三个阶段，即盾构机刀盘抵达前阶段、刀盘抵达时～盾构穿越阶段、盾尾脱离～后期固结阶段，地铁 7 号线上穿既有地铁 1 号线隧道，竖向位移变化数值及其所占的比例如表 4.5-8～表 4.5-11 所示。

地铁 7 号线右线上穿既有地铁 1 号线右线各监测点竖向位移及其所占比例　　表 4.5-8

测点	刀盘抵达前		刀盘抵达时～盾构穿越		盾尾脱离～后期固结	
	变形量/mm	比例/%	变形量/mm	比例/%	变形量/mm	比例/%
S435	0.06	13.04	0.06	13.04	0.22	47.83
S445	0.07	14.29	0.07	14.29	0.21	42.86
S455	0.09	16.98	0.06	11.32	0.22	41.51
S465	0.1	15.38	0.07	10.77	0.3	46.15
S475	0.12	16.67	0.07	9.72	0.33	45.83

续表

测点	刀盘抵达前		刀盘抵达时～盾构穿越		盾尾脱离～后期固结	
	变形量/mm	比例/%	变形量/mm	比例/%	变形量/mm	比例/%
S480	0.12	15.79	0.08	10.53	0.33	43.42
S485	0.14	15.91	0.11	12.50	0.41	46.59
S490	0.12	13.79	0.14	16.09	0.36	41.38
S495	0.11	11.58	0.16	16.84	0.41	43.16
S500	0.1	8.33	0.19	15.83	0.61	50.83
S505	0.09	6.62	0.23	16.91	0.71	52.21
S508	0.11	6.75	0.29	17.79	0.91	55.83
S510	0.11	6.11	0.43	23.89	0.92	51.11
S513	0.12	6.06	0.60	30.30	0.92	46.46
S515	0.15	7.04	0.87	40.85	0.78	36.62
S518	0.14	6.06	1.15	49.78	0.68	29.44
S520	0.18	7.17	1.21	48.21	0.78	31.08
S523	0.22	8.33	1.57	59.47	0.49	18.56
S525	0.26	9.56	1.74	63.97	0.34	12.50
S528	0.23	8.61	1.67	62.55	0.41	15.36
S530	0.22	8.49	1.62	62.55	0.41	15.83
S533	0.19	7.76	1.37	55.92	0.56	22.86
S535	0.17	7.52	1.08	47.79	0.7	30.97
S540	0.18	9.52	0.7	37.04	0.73	38.62
S545	0.16	10.06	0.42	26.42	0.75	47.17
S550	0.13	10.83	0.33	27.50	0.51	42.50
S555	0.11	11.83	0.23	24.73	0.37	39.78
S565	0.1	13.33	0.13	17.33	0.33	44.00
S575	0.07	10.45	0.1	14.93	0.34	50.75
S585	0.05	8.62	0.08	13.79	0.32	55.17
S595	0.04	8.33	0.06	12.50	0.26	54.17

注：竖向位移变化正值表示上浮，负值表示下沉。

地铁 7 号线右线上穿既有地铁 1 号线左线各监测点竖向位移及其所占比例　　表 4.5-9

测点	刀盘抵达前		刀盘抵达时～盾构穿越		盾尾脱离～后期固结	
	变形量/mm	比例/%	变形量/mm	比例/%	变形量/mm	比例/%
X435	0.03	6.25	0.07	14.58	0.25	52.08
X445	0.03	5.77	0.1	19.23	0.24	46.15
X455	0.03	5.36	0.1	17.86	0.25	44.64
X465	0.04	6.06	0.12	18.18	0.3	45.45

测点	刀盘抵达前		刀盘抵达时～盾构穿越		盾尾脱离～后期固结	
	变形量/mm	比例/%	变形量/mm	比例/%	变形量/mm	比例/%
X475	0.08	10.81	0.13	17.57	0.32	43.24
X480	0.07	8.86	0.15	18.99	0.33	41.77
X485	0.10	11.76	0.16	18.82	0.33	38.82
X490	0.10	10.75	0.2	21.51	0.35	37.63
X495	0.15	15.15	0.22	22.22	0.36	36.36
X500	0.14	11.76	0.28	23.53	0.48	40.34
X505	0.14	8.86	0.36	22.78	0.77	48.73
X508	0.16	8.47	0.62	32.80	0.81	42.86
X510	0.19	8.92	0.82	38.50	0.84	39.44
X513	0.18	7.79	1.04	45.02	0.78	33.77
X515	0.21	8.71	1.34	55.60	0.56	23.24
X518	0.23	9.16	1.52	60.56	0.45	17.93
X520	0.27	10.47	1.59	61.63	0.43	16.67
X523	0.26	9.92	1.76	67.18	0.28	10.69
X525	0.26	10.08	1.7	65.89	0.31	12.02
X528	0.26	10.32	1.43	56.75	0.54	21.43
X530	0.26	10.74	1.23	50.83	0.66	27.27
X533	0.25	11.26	0.87	39.19	0.87	39.19
X535	0.19	9.60	0.66	33.33	0.87	43.94
X540	0.13	9.56	0.41	30.15	0.54	39.71
X545	0.09	9.28	0.23	23.71	0.36	37.11
X550	0.08	10.26	0.11	14.10	0.32	41.03
X555	0.08	12.70	0.12	19.05	0.19	30.16
X565	0.05	8.77	0.09	15.79	0.2	35.09
X575	0.03	5.66	0.12	22.64	0.2	37.74
X585	0.04	8.16	0.09	18.37	0.21	42.86
X595	0.03	6.82	0.08	18.18	0.21	47.73

注：竖向位移变化正值表示上浮，负值表示下沉。

地铁 7 号线左线上穿既有地铁 1 号线右线各监测点竖向位移及其所占比例

表 4.5-10

测点	刀盘抵达前		刀盘抵达时～盾构穿越		盾尾脱离～后期固结	
	变形量/mm	比例/%	变形量/mm	比例/%	变形量/mm	比例/%
S435	0.01	1.79	0.03	5.36	0.04	7.14
S445	0.02	3.17	0.05	7.94	0.04	6.35
S455	0.02	2.94	0.06	8.82	0.04	5.88

续表

测点	刀盘抵达前		刀盘抵达时～盾构穿越		盾尾脱离～后期固结	
	变形量/mm	比例/%	变形量/mm	比例/%	变形量/mm	比例/%
S465	0.03	3.57	0.07	8.33	0.08	9.52
S475	0.06	6.12	0.08	8.16	0.10	10.20
S480	0.10	8.70	0.12	10.43	0.14	12.17
S485	0.18	12.59	0.20	13.99	0.20	13.99
S490	0.28	16.57	0.20	11.83	0.28	16.57
S495	0.19	10.61	0.35	19.55	0.26	14.53
S500	0.39	19.60	0.14	7.04	0.27	13.57
S505	0.40	14.93	0.28	10.45	0.42	15.67
S508	0.40	13.33	0.29	9.67	0.42	14.00
S510	0.32	10.06	0.34	10.69	0.39	12.26
S513	0.28	8.51	0.26	7.90	0.44	13.37
S515	0.26	7.72	0.24	7.12	0.44	13.06
S518	0.07	2.15	0.20	6.13	0.41	12.58
S520	0.14	4.28	0.08	2.45	0.36	11.01
S523	0.13	3.83	0.17	5.01	0.34	10.03
S525	0.11	3.32	0.14	4.23	0.38	11.48
S528	0.13	4.10	0.12	3.79	0.40	12.62
S530	0.07	2.27	0.19	6.15	0.41	13.27
S533	0.17	5.80	0.14	4.78	0.40	13.65
S535	0.31	11.03	0.09	3.20	0.43	15.30
S540	0.39	16.74	0.23	9.87	0.35	15.02
S545	0.22	10.78	0.46	22.55	0.39	19.12
S550	0.11	5.82	0.30	15.87	0.70	37.04
S555	0.08	5.88	0.18	13.24	0.47	34.56
S565	0.08	9.41	0.06	7.06	0.14	16.47
S575	0.06	8.11	0.05	6.76	0.10	13.51
S585	0.04	6.06	0.06	9.09	0.07	10.61
S595	0.05	8.62	0.04	6.90	0.05	8.62

注：竖向位移变化正值表示上浮，负值表示下沉。

地铁 7 号线左线上穿既有地铁 1 号线左线各监测点竖向位移及其所占比例

表 4.5-11

测点	刀盘抵达前		刀盘抵达时～盾构穿越		盾尾脱离～后期固结	
	变形量/mm	比例/%	变形量/mm	比例/%	变形量/mm	比例/%
X435	0.01	1.79	0.03	5.36	0.04	7.14
X445	0.02	3.17	0.05	7.94	0.04	6.35
X455	0.02	2.94	0.06	8.82	0.04	5.88
X465	0.03	3.57	0.07	8.33	0.08	9.52
X475	0.06	6.12	0.08	8.16	0.10	10.20

测点	刀盘抵达前		刀盘抵达时～盾构穿越		盾尾脱离～后期固结	
	变形量/mm	比例/%	变形量/mm	比例/%	变形量/mm	比例/%
X480	0.10	8.70	0.12	10.43	0.14	12.17
X485	0.18	12.59	0.20	13.99	0.20	13.99
X490	0.28	16.57	0.20	11.83	0.28	16.57
X495	0.29	16.20	0.25	13.97	0.26	14.53
X500	0.39	19.60	0.14	7.04	0.27	13.57
X505	0.44	16.42	0.24	8.96	0.42	15.67
X508	0.34	11.76	0.19	6.57	0.38	13.15
X510	0.23	7.62	0.16	5.30	0.37	12.25
X513	0.16	5.18	0.12	3.88	0.38	12.30
X515	0.12	3.99	0.12	3.99	0.36	11.96
X518	0.12	4.03	0.12	4.03	0.35	11.74
X520	0.14	4.59	0.14	4.59	0.33	10.82
X523	0.14	4.49	0.12	3.85	0.33	10.58
X525	0.10	3.27	0.12	3.92	0.35	11.44
X528	0.11	3.69	0.10	3.36	0.35	11.74
X530	0.13	4.50	0.09	3.11	0.36	12.46
X533	0.18	6.59	0.13	4.76	0.29	10.62
X535	0.24	9.06	0.14	5.28	0.29	10.94
X540	0.32	13.73	0.30	12.88	0.35	15.02
X545	0.14	6.86	0.42	20.59	0.51	25.00
X550	0.11	6.21	0.14	7.91	0.74	41.81
X555	0.08	6.35	0.18	14.29	0.37	29.37
X565	0.08	9.41	0.06	7.06	0.14	16.47
X575	0.06	8.11	0.05	6.76	0.10	13.51
X585	0.04	6.06	0.06	9.09	0.07	10.61
X595	0.05	8.62	0.04	6.90	0.05	8.62

注：竖向位移变化正值表示上浮，负值表示下沉。

通过对表 4.5-8～表 4.5-11 和图 4.5-8～图 4.5-11 分析，并结合实际施工情况可知：

（1）新建地铁 7 号线 A 区间盾构上穿既有地铁 1 号线 B 区间隧道，对既有地铁 1 号线隧道的影响主要表现为上浮变形。

（2）既有隧道竖向位移变形主要发生在盾构穿越阶段、盾尾脱离阶段以及后续沉降阶段，约占竖向位移总累计变化量的 70% 以上，同时盾构始发前新建车站引起的先行竖向位移变形不可忽视，其约占总累计变化量的 18%。

（3）新建盾构隧道左线在基于右线盾构掘进参数的基础上提高了土仓压力和同步注浆量，既有隧道右线、左线的竖向位移变化量为 2.65mm、2.82mm，较右线上穿引起既有隧道右线、左线的竖向位移变化量仅增长 4.7% 和 3.8%。

（4）新建盾构隧道右线上穿既有隧道过程中，既有隧道沿轴线竖向位移变形的显著影响区域在新建盾构隧道轴线两侧 2.5D 范围内，较为显著的影响区域为 2.5～5D；新建盾构隧道左线上穿既有隧道过程中，既有隧道沿轴线竖向位移变形较左线显著区域外扩 D，较为显著的影响区域基本保持不变。

（5）新建盾构隧道右线上穿既有隧道过程中，既有隧道右线、左线分别在 S515～S535（两隧道交汇位置为 S523）、X513～X530（两隧道交汇位置为 X520）范围内，在盾构穿越阶段引起竖向位移累计变化量占比最大，约占 52%；新建盾构隧道左线上穿既有隧道过程中，既有隧道右线、左线施工各阶段竖向位移累计变化量占比比较均匀。

4.6　杭州地铁 4 号线上跨地铁 1 号线案例分析

4.6.1　工程概况

外部作业区间盾构掘进过程中将依次上跨既有运营地铁 1 号线左线（下行线）、地铁 1 号线出段线及地铁 4 号线出段线。区间隧道上跨既有线对应地表区域为万科中央花园，上方地表无构建筑物。右线（上行线）隧道边界距小区住宅最小水平净距为 39m，左线（下行线）隧道边界距小区住宅最小水平净距为 63m。

既有运营区间隧道各项设计参数如下：

（1）设计使用年限：100 年，安全等级一级；

（2）抗震设防标准：按场地基本烈度提高一度设计；

（3）防水等级：二级；环缝、纵缝张开 6mm 时，在 0.8MPa 长期水压力下不漏水；

（4）人防荷载等级：6 级；

（5）隧道运营阶段抗浮安全系数：不小于 1.1；

（6）隧道内径 5.5m，外径 6.2m，管片厚 0.35m，环宽 1.2m，采用 3＋2＋1 的分块方式，隧道曲线拟合采用的是标准环＋左右楔形转弯环形式；

（7）管片混凝土强度等级为 C50，抗渗等级为 P10；钢筋为 HPR235、HRB335 钢。M30 环向螺栓 12 只/环，M30 纵向螺栓 16 只/环，除西广场地下室范围外其他螺栓等级为 5.8 级；

（8）在区间治理区段，地铁 1 号线正线隧道埋深为 10.7～25.7m，地铁 1 号线出段线埋深为 11.5～15.3m，地铁 4 号线出入段线埋深为 15.2～19.2m。

4.6.2　施工监测

既有隧道监测断面布设在地铁 1 号线下行线、地铁 1 号线出场线、地铁 4 号线出场线，采用自动化监测，在盾构穿越投影区域每 2.5 环布设一个，其他区域每 5 环布设一个。地表监测断面每 20 环布设一个，断面布设 8 个监测点，间距分别是隧道中心轴线外侧 2.5m，5.5m，8.5m，13.5m，19.5m。盾构轴线监测沿隧道方向在上行线、下行线按 5 环（6m）间距布设一组监测点，分别于区间盾构左线、右线轴线上方及盾构中心线上方布设。

4.6.3 数据分析

1. 非上跨段地表沉降分析

图 4.6-1（a）为 DBC5 断面隧道上方 3 个测点的竖向位移历时曲线，图 4.6-1（b）

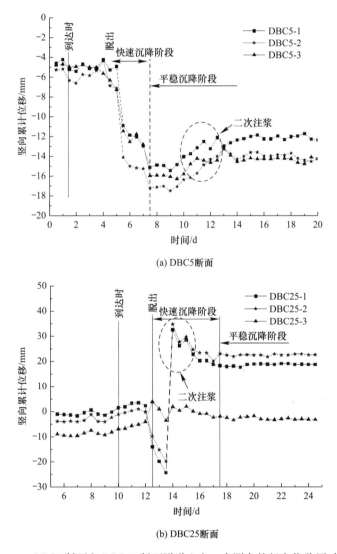

(a) DBC5断面

(b) DBC25断面

图 4.6-1　DBC5 断面和 DBC25 断面隧道上方 3 个测点的竖向位移历时曲线

为 DBC25 断面隧道上方 3 个测点的竖向位移历时曲线，横坐标为时间，纵坐标为断面累计沉降值。6 条曲线整体可分为快速沉降、平稳沉降 2 个阶段。占最终沉降的 5.5％。盾构通过 DBC5 时，测点平均下沉 0.63mm，占最终沉降的 5.5％。盾尾通过 DBC5 后，测点平均下沉 9.94mm，占最终沉降的 89％。最终沉降稳定在 −13.68mm。DBC25 断面快速沉降阶段出现急剧的隆起是由二次注浆量过大引起。DBC25-1 及 DBC25-2 测点发生较大地表沉降，现场采取二次注浆进行控制，但是注浆压力过大导致地面隆起。DBC5 断面平稳沉降阶段中由于二次注浆使得地表沉降减小。断面最大沉降发生在右线中心线上方，沉降速度约为 3.44mm/d。工程所处地层为富水砂层，盾构掘进对砂层地质的沉降反应很快。

图 4.6-2 为土压和地表沉降关系。由图可知，土压和地表沉降呈正相关。土压力较小时，掌子面前方土体会向刀盘内涌进，导致前方土体损失引起地表沉降。土压力较大时，盾构机刀盘会挤压掌子面前方土体引起隆起。类矩形盾构在富水砂层中掘进时土压力应控制为 1.2～1.3bar。

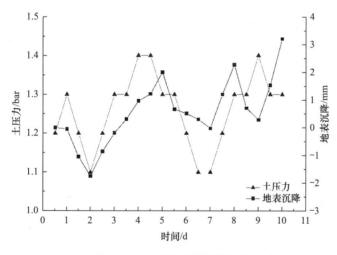

图 4.6-2　土压和地表沉降关系

2. 上跨段地表沉降分析

图 4.6-3 为 DBC220 断面和 DBC200 断面隧道上方 3 个测点的竖向位移历时曲线。盾构到达 DBC220 断面前，测点平均上浮 24.04mm。盾构通过 DBC220 时，测点平均下沉 76.78mm，占最终沉降的 81.8％。盾尾通过 DBC220 后，测点平均下沉 17.14mm，占最终沉降的 18.2％。最终沉降分别稳定在 −100mm、−75mm 和 −33mm。DBC200 断面在盾构到达前出现剧烈沉降，是由盾构机开仓清障施工引起的。断面最大沉降也由右线中心线上方转为左线中心线上方。可

见，盾构通过断面时产生的沉降量最大，在上跨既有线时类矩形对周围土体的扰动增大，加剧了砂层地质的沉降反应。矩形盾构在富水砂层中上跨既有线时要注意控制盾构通过阶段的地表沉降，及时采取措施。此外还需做好地质勘察，防止盾构机停机产生大量沉降。

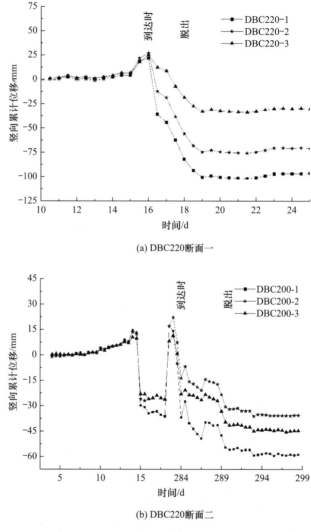

(a) DBC220断面一

(b) DBC220断面二

图 4.6-3　DBC220 断面和 DBC200 断面隧道上方 3 个测点的竖向位移历时曲线

3. 既有线变形分析

图 4.6-4～图 4.6-6 为既有隧道道床沉降曲线，横坐标为时间，纵坐标为道床竖向位移，正值为隆起，负值为沉降，图中阴影区域为上穿投影区。由图可知，地铁 1 号线出线段和地铁 4 号线出线段道床竖向位移分布呈中间大、两侧小

的趋势，最大隆起位于类矩形盾构隧道中心线的正下方，与单圆盾构近距离上穿既有线的规律基本一致。但是，不同于单圆盾构上穿既有线，在类矩形盾构与既有线交叉穿越范围外两侧 40 环内，既有线道床下沉，且掘进方向左侧隧道沉降大于右侧，这是由于同步注浆导致的。盾构通过后，隧道两侧土体受同步注浆影响，发生明显的沉降，产生的附加应力作用于既有隧道，使得既有隧道产生沉降。隧道左侧注浆较大，产生了更大的附加应力，使得左侧隧道道床沉降大于右侧。类矩形盾构上跨施工对地铁 1 号线下行线隧道道床沉降的影响范围为交叉区域及其右侧，交叉区域 952 环至 959 环道床下沉是由既有隧道列车通过产生的振动引起的。

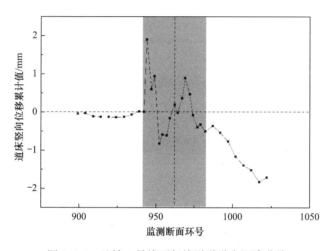

图 4.6-4　地铁 1 号线下行线隧道道床沉降曲线

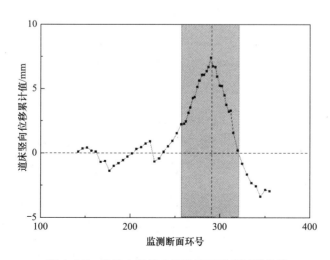

图 4.6-5　地铁 1 号线出段线隧道道床沉降曲线

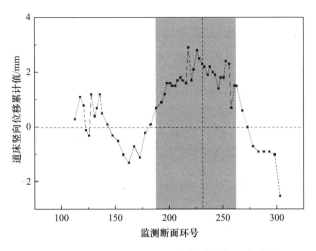

图 4.6-6　地铁 4 号线出段线隧道道床沉降曲线

图 4.6-7～图 4.6-9 为既有隧道道床差异沉降曲线，横坐标为时间，纵坐标为道床差异沉降，图中阴影区域为上穿投影区。由图可知，类矩形盾构的道床差异沉降曲线波动较大。由于地铁 4 号线出线段 113 环至 120 环左侧为类矩形盾构接收井，隧道受其影响使得 113 环至 128 环出现较大的道床差异沉降。地铁 1 号线下行线隧道，总体差异沉降较小是因为盾构机停机前的累计值被忽略。盾构停机清障时，刀盘位于上穿投影区中点，复推时道床差异沉降重新累计，故地铁 1 号线下行线隧道道床差异沉降值较小。第 944 环和第 974 环差异沉降较大是由既有隧道列车通过产生的振动引起的。

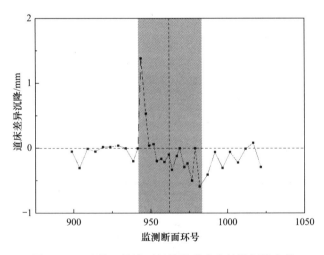

图 4.6-7　地铁 1 号线下行线隧道道床差异沉降曲线

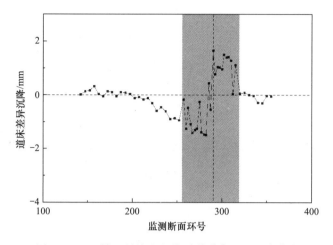

图 4.6-8　地铁 1 号线出段线隧道道床差异沉降曲线

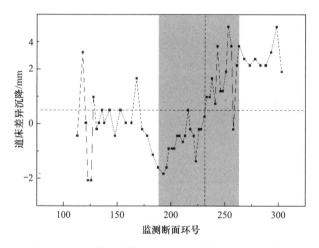

图 4.6-9　地铁 4 号线出段线隧道道床差异沉降曲线

　　图 4.6-10～图 4.6-12 为既有隧道道床净空收敛变形曲线，横坐标为时间，纵坐标为净空收敛位移，正值为水平扩径，负值为水平缩径，图中阴影区域为上穿投影区。由图可知，类矩形盾构上穿引起的各既有隧道最大净空收敛发生在类矩形盾构隧道中心线的正下方，既有隧道净空收敛分布呈 V 形曲线，主要影响范围是盾构交叉范围，与圆形盾构近距离下穿既有隧道的规律相同。但是，圆形盾构下穿既有隧道所得曲线以正值为主，而类矩形上跨所得曲线多为负值，这是由于工况不同导致的。隧道下穿时，盾构掘进造成既有线下方土体损失，使得既有线上部土压相对变大，隧道水平直径变大。类矩形盾构上穿时，盾构掘进造成既有线上方土体损失，使得既有线两侧土压相对变大，隧道水平直径变小。相较于普通圆形盾构，类矩形盾构隧道净空收敛变形曲线波动较大。

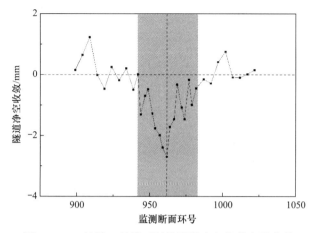

图 4.6-10　地铁 1 号线下行线隧道净空收敛变形曲线

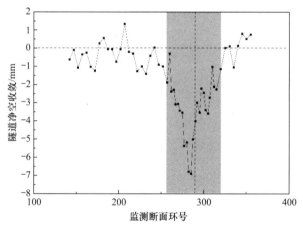

图 4.6-11　地铁 1 号线出段线隧道净空收敛变形曲线

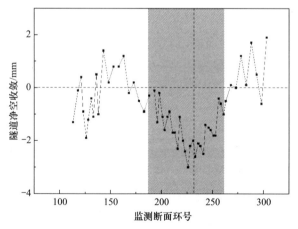

图 4.6-12　地铁 4 号线出段线隧道净空收敛变形曲线

4.7　杭州机场快线上跨地铁 5 号线案例分析

4.7.1　工程概况

杭州市机场轨道快线土建施工 SGJC-6 标段 5 号风井～4 号风井～西湖文化广场站为单圆盾构区间，区间起止里程为左（右）K25＋787.205～左（右）K29＋649.331，其中右线设 20.946m 的长链，左线设 1.533m 及 16.398m 的长链，区间右线全长为 3883.072m（含 4 号风井），左线全长为 3880.057m（含 4 号风井）。区间隧道埋深约为 13.3～32.8m，主要穿越的地层有粉砂、砂质粉、泥质粉质黏土、泥质粉质黏土、淤泥质粉质黏土、粉质黏土、质黏土、质黏土。

机场快线 4 号风井～西湖文化广场站区间左线、右线起止里程为 K25＋787.205K26＋771.347，区间全长 984m，区间于文晖路东新路口位置，左线 K26＋712.407～K26＋695.537 段，右线 K26＋716.957～K26＋700.067 段上穿地铁 5 号线，交角为 86°。相交处地铁 5 号线左线轨面标高为－23.37m（隧顶埋深约 24.58m），右线轨面标高为－23.435m（隧顶埋深约 24.645m），线间距 10.6m，相交处机场线障顶埋深约 13.62m，线间距为 13m，机场线与地铁 5 号线隧道竖向净距约 4.3mm。

地铁 5 号线隧道位于淤泥质粉质黏土层、淤泥质粉质黏土层，机场线位于淤泥质粉质黏土层。

4.7.2　施工监测

在本项目穿越施工过程中，通过对既有地铁 1 号线保护区隧道进行保护监测，及时地了解实际变形情况及趋势，分析判断本工程施工过程对地铁隧道产生的影响，指导本工程的施工。同时为动态设计、信息化施工及时提供反馈信息，通过数据分析，掌握盾构结构稳定性的变化规律，随时根据监测资料调整施工工程序，并采取必要的工程应急措施确保地铁隧道的安全。

（1）通过现场监测信息反馈和现场施工情况，及时调整施工的速度和方法，并采取相应的工程措施，优化施工工艺，达到工程优质、安全施工、经济合理、施工快捷的目的，并为今后类似工程提供借鉴；

（2）掌握运营地铁的受力和变形状态，并对其安全稳定性进行评价；

（3）通过信息反馈进行安全预测及设计优化，在加强安全控制的同时减少投资，使工程始终处于安全可控状态，从而更大程度上加强业主的风险控制。

根据《城市轨道交通结构安全保护技术规程》DB33/T 1139—2017 及浙江省建筑设计研究院安评报告，本项目地铁保护监测范围如表 4.7-1 所示。

		本项目地铁保护监测范围	表 4.7-1

区间	线路	监测范围	对应环号
地铁 5 号线打铁关～宝善桥区间	左线（下行线）	K25＋554.8～K25＋667.8	205 环～305 环
	右线（上行线）	K25＋558～K25＋671.1	205 环～305 环

地铁 5 号线保护监测由自动化监测及人工复核监测组合实施。地铁 5 号线隧道自动化监测项目包括：道床沉降、道床水平位移、管片水平收敛及两轨高差监测。另外定期对道床沉降及收敛变形进行人工复核。

施工前组织建设、施工、监理、杭港公司及杭州地铁公司对隧道渗水、漏水情况、隧道裂缝等现状进行调查，并经各方确认后报地铁公司有关部门备案。

4.7.3 数据分析

现场监测工作从 2021 年 9 月开始，2021 年 12 月 8 日双线盾构穿越完成，穿越施工期间进行自动化加密监测，加密监测频率为 20min/次。截至 2022 年 2 月 28 日，保护区隧道上下行线各测项数据变形较小并趋于稳定，隧道监测数据统计情况如表 4.7-2 所示。

				隧道监测数据统计		表 4.7-2

线路	项目	累计值/mm	预警值/mm	报警值/mm	控制值/mm	备注
上行线	水平位移	−2.5～0.6	±4	±5.5	±7	
	道床沉降	−0.6～4.8	±3	±4	±5	超控制值
	管片收敛	−0.9～−2.8	±3	±4	±5	
	差异沉降	−0.4～1.0	/	/	/	
下行线	水平位移	−2.1～0.3	±4	±5.5	±7	
	道床沉降	−0.7～5.3	±3	±4	±5	超控制值
	管片收敛	−1.0～2.4	±3	±4	±5	
	差异沉降	−1.3～1.0	/	/	/	

说明：水平位移：位移向东移动为"＋"；道床沉降："＋"表示隆起，"−"表示下沉；收敛变形："＋"表示扩张，"−"表示收缩。

1. 上行线隧道水平位移

截至 2022 年 2 月 28 日上行线隧道水平位移基本在−2mm 以内，小于双线通过预警值±4mm。自 2021 年 12 月 8 日双线盾构穿越完成以来，上行线隧道水平位移变形稳定，工后最大变形速率−0.028mm/d。上行线隧道水平位移累计分布曲线如图 4.7-1 所示。

从上行线隧道水平位移累计分布曲线可以看出：上行线隧道水平位移大体上为"−"，表现为向西偏移（盾构掘进方向）。数据整体变形相对平稳，未出现明显突变情况，可见机场快线 4 号风井～西湖文化广场区间盾构穿越期间未对上行线隧道水平位移产生明显施工影响。截至 2022 年 2 月 28 日上行线隧道最大水平位移累计值−2.5mm。

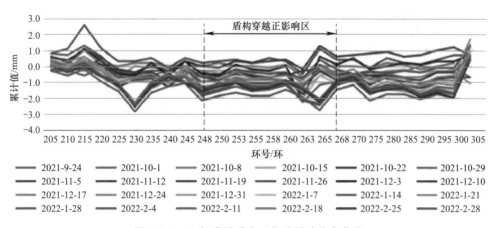

图 4.7-1　上行线隧道水平位移累计分布曲线

机场线穿越期间上行线隧道水平累计分布曲线如图 4.7-2 所示，穿越正交区典型断面时程曲线如图 4.7-3 所示。

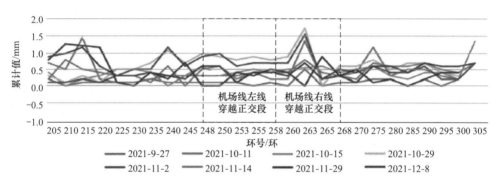

图 4.7-2　机场线穿越期间上行线隧道水平累计分布曲线

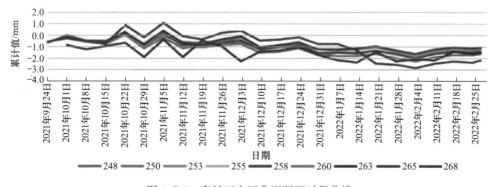

图 4.7-3　穿越正交区典型断面时程曲线

根据图 4.7-2 可以看出：机场快线 4 风井～西湖文化广场区间盾构穿越期间，穿越正影响区水平位移表现为轻微向东变形，2021 年 12 月 8 日穿越完成后开始缓慢回落并趋于稳定。

2. 上行线隧道道床沉降

截至 2022 年 2 月 28 日上行线隧道道床沉降变形位置主要位于盾构穿越影响区，表现为隆起变形，超过双线通过报警值±4mm。自 2021 年 12 月 8 日双线盾构穿越完成以来，上行线隧道道床沉降变形稳定，工后最大变形速率为−0.015mm/d。上行线隧道道床沉降累计分布曲线如图 4.7-4 所示。

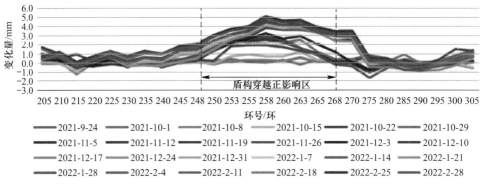

图 4.7-4　上行线隧道道床沉降累计分布曲线

从上行线隧道道床沉降累计分布曲线可以看出：上行线隧道道床沉降大体上为"＋"，表现为隆起变形，隆起位置主要位于盾构穿越正影响区，正影响区外数据相对较小。截至 2022 年 2 月 28 日上行线隧道最大道床沉降累计值 4.8mm。

穿越期间上行线隧道道床沉降累计分布曲线如图 4.7-5 所示。穿越正交区典型断面时程曲线如图 4.7-6 所示。

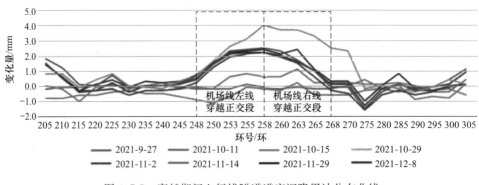

图 4.7-5　穿越期间上行线隧道道床沉降累计分布曲线

可以看出：机场快线 4 号风井～西湖文化广场区间盾构穿越期间，穿越正影响区道床沉降表现为明显隆起变形，机场线 2021 年 12 月 8 日穿越完成后沉降变形速率开始减缓并逐渐趋于稳定。

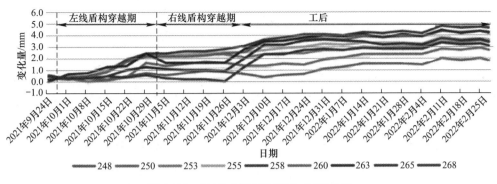

图 4.7-6　穿越正交区典型断面时程曲线

3. 上行线隧道收敛变形

截至 2022 年 2 月 28 日上行线隧道收敛变形小于双线通过预警值±3mm。其中盾构穿越影响区表现为轻微收缩变形，穿越外扩影响区表现为扩张变形。自 2021 年 12 月 8 日双线盾构穿越完成以来，上行线隧道收敛变形变形稳定，工后最大变形速率 0.028mm/d。上行线隧道收敛变形累计分布曲线如图 4.7-7 所示。

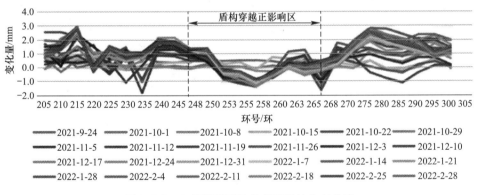

图 4.7-7　上行线隧道收敛变形累计分布曲线

从上行线隧道收敛变形累计分布曲线可以看出：上行线隧道收敛变形分布大体上穿越段为"−"表现为收缩变形，穿越外扩影响区为"＋"值表现为扩张变形。截至 2022 年 2 月 28 日上行线隧道最大收敛变形累计值 2.8mm。

穿越期间上行线隧道收敛变形累计分布曲线如图 4.7-8 所示。穿越段正交区典型断面时程曲线如图 4.7-9 所示。

可以看出：机场快线 4 号风井～西湖文化广场区间盾构穿越期间，左右线盾构穿越正影响区隧道均表现为收缩趋势，穿越完成后开始缓慢回升并趋于稳定，机场线 2021 年 12 月 8 日穿越完成后收敛变形趋于稳定。

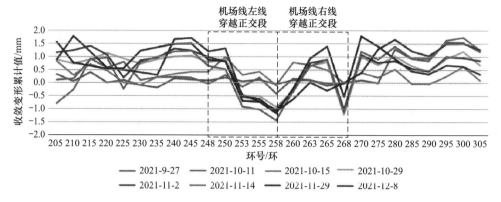

图 4.7-8　穿越期间上行线隧道收敛变形累计分布曲线

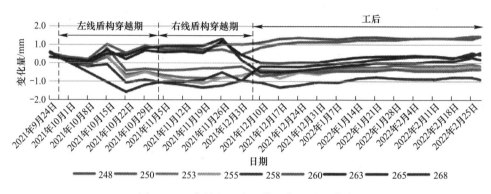

图 4.7-9　穿越段正交区典型断面时程曲线

4. 上行线隧道差异沉降

截至 2022 年 2 月 28 日地铁 1 号线上行线隧道差异沉降受现场影响较小。自 2021 年 12 月 8 日双线盾构穿越完成以来，工后最大变形速率为 0.016mm/d。上行线隧道差异沉降累计分布曲线如图 4.7-10 所示。

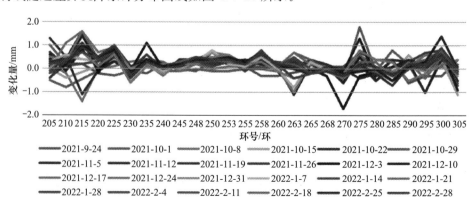

图 4.7-10　上行线隧道差异沉降累计分布曲线

从上行线隧道差异沉降累计分布曲线可以看出：盾构施工过程中上行线隧道差异沉降整体变形较小。截至 2022 年 2 月 28 日上行线隧道最大差异沉降累计值 1.0mm。

从上行线隧道监测数据结果可以看出：机场快线 4 号风井～西湖文化广场区间盾构施工期除穿越正影响区道床沉降隆起变形累计值超双线通过报警值外，其他区域及测项变形相对较小，均未达到双线通过预警值，盾构穿越施工期间数据变形整体可控，工后监测阶段各测项数据变形较小，已趋于稳定，最大变形速率均小于 0.03mm/d，满足稳定标准。

5. 下行线隧道水平位移

截至 2022 年 2 月 28 日下行线隧道水平位移基本在－2mm 以内，小于双线通过预警值±4mm。自 2021 年 12 月 8 日双线盾构穿越完成以来，上行线隧道水平位移变形稳定，工后最大变形速率－0.016mm/d。下行线隧道水平位移累计分布曲线如图 4.7-11 所示。

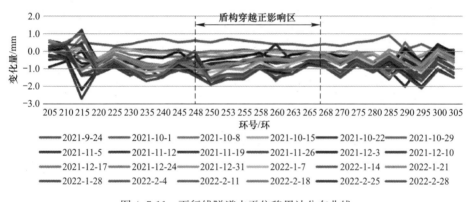

图 4.7-11　下行线隧道水平位移累计分布曲线

从下行线隧道水平位移累计分布曲线可以看出：下行线水平位移大体上为"－"从表现为向西偏移（盾构掘进方向）。数据整体变形相对平稳，未出现明显突变情况，可见机场快线 4 号风井～西湖文化广场区间盾构穿越期间未对下行线隧道水平位移产生明显施工影响。截至 2022 年 2 月 28 日下行线隧道最大水平位移累计值为－2.1mm。

穿越期间下行线隧道水平位移累计分布曲线如图 4.7-12 所示，穿越正交区典型断面时程曲线如图 4.7-13 所示。

机场快线 4 号风井～西湖文化广场区间盾构穿越期间，下行线隧道水平位移变形整体较为平缓，未出现明显突变情况，工后数据变形平缓并趋于稳定。

6. 下行线隧道道床沉降

截至 2022 年 2 月 28 日下行线隧道道床沉降变形位置主要位于盾构穿越影响

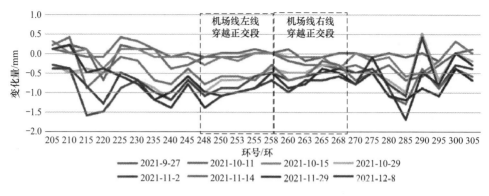

图 4.7-12　穿越期间下行线隧道水平位移累计分布曲线

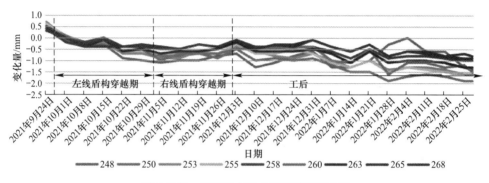

图 4.7-13　穿越正交区典型断面时程曲线

区，表现为隆起变形，超过双线通过控制值±5mm。自 2021 年 12 月 8 日双线盾构穿越完成以来，下行线隧道道床沉降变形稳定，工后最大变形速率0.025mm/d。下行线隧道道床沉降累计分布曲线如图 4.7-14 所示。

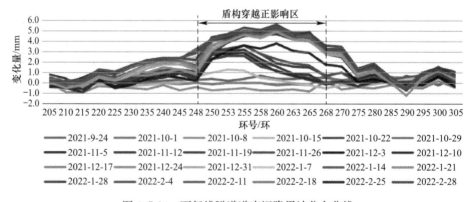

图 4.7-14　下行线隧道道床沉降累计分布曲线

从下行线隧道道床沉降累计分布曲线可以看出：下行线隧道道床沉降大体上为"＋"值表现为隆起变形，隆起位置主要位于盾构穿越正影响区，正影响区外数据相对较小。截至 2022 年 2 月 28 日下行线隧道最大道床沉降累计值 5.3mm。

图 4.7-15 为穿越期间下行线隧道道床沉降累计分布曲线，图 4.7-16 为穿越正交区典型断面时程曲线。

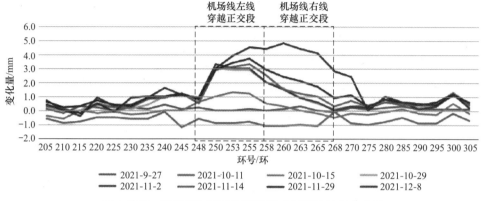

图 4.7-15　穿越期间下行线隧道道床沉降累计分布曲线

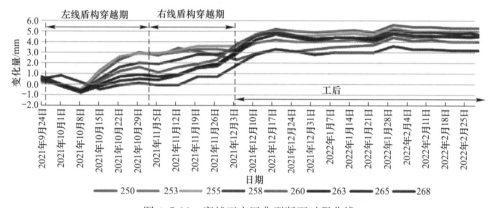

图 4.7-16　穿越正交区典型断面时程曲线

机场快线 4 号风井~西湖文化广场区间盾构穿越期间，穿越正影响区道床沉降表现为明显隆起变形，机场线 2021 年 12 月 8 日穿越完成后沉降变形速率开始减缓并逐渐趋于稳定。

7. 下行线隧道收敛变形

截至 2022 年 2 月 28 日上行线隧道收敛变形小于双线通过预警值 ±3mm。其中盾构穿越影响区表现为轻微收缩变形，变形量在 −1mm 左右，穿越外扩影响区表现为扩张变形。自 2021 年 12 月 8 日双线盾构穿越完成以来，下行线隧道收敛变形变形稳定，工后最大变形速率 0.028mm/d。下行线隧道收敛变形累计分布曲线如图 4.7-17 所示。

从下行线隧道收敛变形累计分布曲线可以看出：下行线隧道收敛变形分布大体上为穿越段为"−"表现为收缩变形，穿越外扩影响区为"+"表现为扩张变

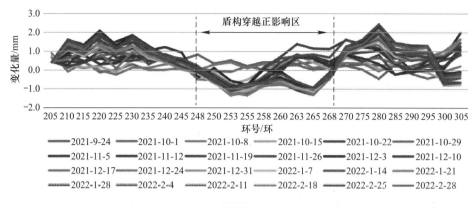

图 4.7-17　下行线隧道收敛变形累计分布曲线

形。截至 2022 年 2 月 28 日下行线隧道最大收敛变形累计值 2.4mm。

图 4.7-18 为穿越期间上行线隧道收敛变形累计分布曲线，图 4.7-19 为穿越正交区典型断面时程曲线。

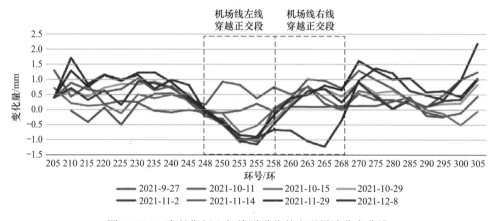

图 4.7-18　穿越期间上行线隧道收敛变形累计分布曲线

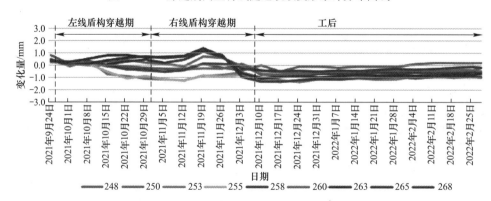

图 4.7-19　穿越正交区典型断面时程曲线

下行线隧道穿越正影响区收敛变形主要发生在第二次右线盾构穿越期间，表现为收缩趋热，穿越完成后工后收敛变形平稳并趋于稳定。

8. 下行线隧道差异沉降

截至 2022 年 2 月 28 日地铁 1 号线下行线隧道差异沉降受现场影响较小。自 2021 年 12 月 8 日双线盾构穿越完成以来，工后最大变形速率 0.016mm/d。下行线隧道差异沉降累计分布曲线如图 4.7-20 所示。

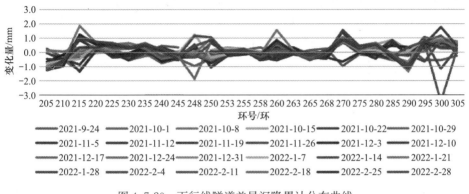

图 4.7-20　下行线隧道差异沉降累计分布曲线

从下行线隧道差异沉降累计分布曲线可以看出：盾构施工过程中下行线隧道差异沉降整体变形较小。

从下行线监测数据结果可以看出：上下行线隧道变形趋势基本一致，机场快线 4 号风井～西湖文化广场区间盾构施工期间除穿越正影响区道床沉降隆起变形累计值超双线通过控制值外，其他区域及测项变形相对较小，均未达到双线通过预警值，盾构穿越施工期间数据变形整体可控，工后监测阶段各测项数据变形较小，已趋于稳定，最大变形速率均小于 0.03mm/d，满足稳定标准。

4.8　本章小结

本章研究盾构上跨既有隧道对既有线的影响，通过现场监测结果分析了盾构上跨既有线在地层沉降变化、地表变化、竖向位移变形、横向沉降等的变化趋势。并进一步考虑既有隧道存在初始椭圆变形，计算了不同椭圆度下既有隧道受穿越影响的横向力学响应的差异，同时对两个上跨实际工程进行实测分析，取得如下结论：

（1）盾构隧道近距离施工具有时空效应，指在不同的施工阶段下对既有隧道的影响不同。从盾构机驶近既有隧道且能够造成影响的位置开始，到盾构机远离不再对既有隧道产生影响的位置为止，盾构上跨施工对既有隧道的影响过程可划分为 5 个阶段。

（2）盾构机施工过程中，所引起地层位移、结构内力的因素很多，其主要包括：地层性质、地下水情况、隧道直径大小、隧道埋深情况、盾构机掘进参数、当地施工条件等。产生地表沉降往往不是单一因素起作用，是各因素综合作用的结果。

（3）未考虑初始椭圆度时，既有隧道变形与内力分布曲线与初始椭圆度为 6‰时相接近；较小的横向初始椭圆度（$o<6‰$）抵消了部分穿越引起的竖椭圆变形，并使隧道与地层横向接触面积增加，形成拱效应，提高了管片抵抗附加竖向变形与内力的性能；而较大的初始椭圆度（$o>6‰$）破坏了结构的完整性与稳定性，放大了穿越引起的附加变形与内力，使得附加变形与内力随着椭圆度增加而快速增大。

（4）通过对地铁 7 号线上跨地铁 1 号线进行实测分析，结果表明：既有隧道竖向位移变形主要发生在盾构穿越阶段、盾尾脱离阶段以及后续沉降阶段，约占竖向位移总累计变化量的 70% 以上。新建盾构隧道右线上穿既有隧道过程中，既有隧道沿轴线竖向位移变形的显著影响区域在新建盾构隧道轴线两侧 2.5D 范围内，较为显著的影响区域在（2.5~5）D。

（5）通过对地铁 4 号线上跨地铁 1 号线进行实测分析，结果表明：盾构掘进过程中，地表沉降呈现快速沉降、沉降平稳 2 个阶段，土压对盾构到达前地表沉降有较大影响，富水砂层地质的沉降反应迅速。盾构上跨既有线时，既有隧道床竖向位移分布呈中间大、两侧小的趋势，主要影响区是盾构交叉范围及其外侧 40 环范围内，交叉范围均为隆起。既有隧道净空收敛分布呈 V 形曲线，主要影响范围是盾构交叉范围，既有线呈水平缩径状态。

（6）通过对机场快线上跨地铁 5 号线进行分析，可知盾构穿越期间影响区域上下行线累计水平位移变形较小，基本在 0~−2mm 内未达到双线通过预警值，表现为轻微向西变形；施工期间主要变形发生在穿越正影响区，道床沉降表现为明显隆起变形，其中上行线隧道道床沉降隆起量超双线通过 ±4mm 报警值，下行线隧道沉降超双线通过 ±5mm 控制值，除正影响区外沉降变形相对较小；上下行线隧道收敛变形相对较小均未达到预警值，其中变形主要在正影响区外两侧，表现为扩张变形，穿越正影响区内上下行线表现为轻微收缩变形。

第5章 穿越工程施工变形控制技术

盾构穿越对既有地铁隧道的影响因素众多，稍有不慎，便可能对既有地铁隧道产生较大的负面影响。在分析评估穿越对既有地铁隧道影响的基础上，采用合理的既有隧道变形控制防护措施，对于确保地铁安全运营具有重要意义。本章旨在结合前几章研究内容，参考既有隧道控制指标，尝试提出具有工程易用性的既有地铁隧道控制防护措施，为工程实践提供一定参考。

5.1 克泥效工法施工控制技术

克泥效注入技术是从日本引进的一种施工技术，其原理是特殊黏土与强塑剂以一定的比例混合后，瞬间形成具有高黏度且不会硬化的可塑性黏土（黏度可通过改变两液配合比的方式调整）。在试验中，混合时间为 4.5s。混合后黏度可达 $300\sim500dPa \cdot s$，相比较而言，牙膏黏度为 $300dPa \cdot s$、发蜡黏度为 $450dPa \cdot s$。其中特殊黏土由合成钙基黏土矿物、纤维素衍生剂、胶体稳定剂和分散剂构成，合成钙基黏土矿物占总重量的 98%～99%，纤维素衍生剂占总重量的 0.5%～1.5%，胶体稳定剂占总重量的 0.4%～0.8%，分散剂占总重量的 0.1%～0.3%。

克泥效工法是在盾构机掘进的同时，采用特殊膨润土液（黏土）和强塑剂（水玻璃），利用成套设备（操作较为简单）或双液浆拌和设备，在盾构机主机内混合后从前体肩部的径向注浆孔注入的方式。混合后的液体呈黏稠状，可以及时充填盾构机掘进引起的盾体与土体的间隙，受克泥效较高的抗沉陷性以及黏稠性能，能有效抵抗围岩的变形，从而达到抑制地表沉降的目的，克泥效机理如图 5.1-1 所示。

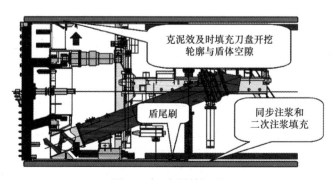

图 5.1-1 克泥效机理

克泥效工法施工材料是由合成黏土矿物、胶体稳定剂和分散剂合成的一种粉剂材料。该材料与水按照比例拌和成浆液后，与水玻璃混合搅拌，能胶结成不易被水稀释、有一定支撑力、低强度的永不凝固的黏土。在盾构施工掘进的同时，注入克泥效材料，使其在同步注浆到达前填充间隙，并渗透上方土体，形成泥膜稳定地层，从而可以减少上方软弱地层受扰动后的自然下沉。

1. 克泥效工法的特点

（1）施工简单、安全可靠。在盾构机工厂制作阶段，只需在盾体前方设置径向注浆孔，在盾构机掘进过程中，无须添置其他昂贵的设备，可以方便地运用盾构机上的高速混合机来实现溶液混合，并经泵、注入阀组及注入管来注入溶液及水玻璃至土仓上方注入孔或盾构机四周径向口来进行混合液注入，有效达到止水、充填和支撑的效果，从而抑制、消减沉降。

（2）关键材料货源广阔，供给渠道畅通，质量易保证。

（3）克泥效材料是一种具有变化性（软硬度可进行调整）但不可硬化的可塑性黏土材料，采用 A、B 液体按照一定的比例和参数注入，A 液为特殊膨润土和水配置，B 液为水玻璃和水配置，混合液形成克泥效材料，在盾构机掘进时若发生沉降、空洞、喷涌等危险情况时，该材料的止水、充填及支撑等特性，可以即时补救，且不会产生过于昂贵的支出，使用方式也简单快捷。具有以下特性：凝结时间快、黏稠度高（一般为 $300\sim500$ dPa·s），不会从注入点快速流失到刀盘前或盾尾后、抗稀释性和挡水性强。克泥效工法工艺流程图如图 5.1-2 所示。

（4）抗沉陷性强。岩块沉陷试验中保持的质量沉陷 1/3，并防止其下沉。

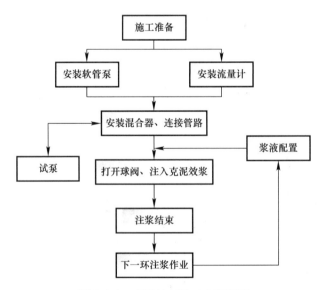

图 5.1-2　克泥效工法工艺流程图

2. 克泥效工法的技术要求

（1）控制注入量和注入压力。使用克泥效工法时，宜以填充间隙及时饱满为主。由于盾壳距离既有隧道的底部非常近，注入量过大，可能形成的注入压力会对顶部既有隧道结构产生影响。一般情况下，应根据掘进速度调整注入流量，同时控制注入压力，保证掘进、注入同步，不注入，不掘进。

（2）注入起止时间选择。考虑到盾构机盾体的长度及盾构施工的影响范围，克泥效材料需在达到既有线前 10 环开始注入，盾尾通过既有隧道后停止注入。

（3）注入位置确定。受盾构自重的影响，盾构机推进时，盾体下部会贴紧土体，因此开挖间隙主要集中在上部点位，需要在前盾顶部 11 点钟或 1 点钟位置的径向孔点位连续注入克泥效材料，及时填充缝隙。保证到达既有线前，盾体的周围形成一道可靠的密封阻水黏土环，有限填充盾体与土体之间的间隙。这样做，除有效控制盾壳上部土体沉降外，还可阻止同步注浆液流向土仓，以使在提高同步注浆压力调整沉降量时能够起到密封作用。

5.2　施工前保护措施

5.2.1　深孔微扰动（WSS）注浆预先加固

盾构穿越地铁时，由于隧道距离地铁较近，在盾构施工过程中对隧道内进行深孔微扰动注浆加固。

1. 加固要求

（1）深孔微扰动（WSS，以下简称 WSS 注浆）注浆浆液进行现场试验，根据现场试验结果，确定注浆浆液类型（单液浆、商品浆液或双液浆），确定浆液配合比，使浆液凝固时间、强度、稠度、坍落度等各项指标满足要求。

（2）加固后的土体应具有良好的均匀性和较小的渗透系数，加固指标：$P_s \geqslant$ 0.8MPa；注浆加固应注意注浆压力，减少对自身隧道的影响。

（3）注浆加固施工过程中，结合监测数据实时调整优化掘进参数，保证加固质量的同时，需确保安全。

2. 施工工艺流程

WSS 注浆加固施工工艺流程图如图 5.2-1 所示。

（1）注浆孔间距：根据现场预留注浆孔实际确定，约 1.5m；

（2）注浆管的设置：钻孔机将注浆管设于预定深度注入清水并从浆液混合器端部流出；

（3）喷射注浆：注浆管设置完毕，将端点关闭、进行喷射切换，一般为

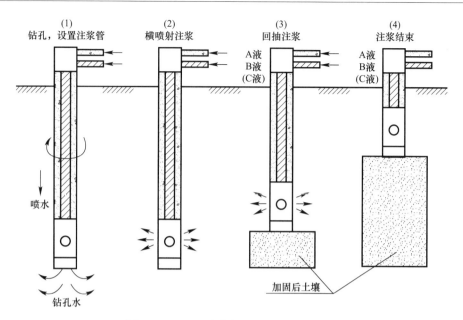

图 5.2-1 WSS 注浆加固施工工艺流程图

15L/min。同时根据工程实际进行调整;

(4)回抽注浆:施加压力注浆时,必须精心操作控制压力,对浆液施加适当压力,匀速回抽,注意钻机参数变化,也可进行水平注浆施工;

(5)旋喷:严格控制旋喷压力,同时密切关注注浆量,当压力突然上升时,应立即停止注浆,查明原因后,采取调整注浆设计参数或移位等措施重新注浆;

(6)注浆结束后,将注浆管冲洗干净全部收回,对注浆孔进行密封,恢复原状;

(7)浆液强度、硬化时间、渗透性能可根据工程实际需要调整;

(8)浆液不流失、固结后不收缩、硬化剂无毒、对周围环境及地下水资源不造成污染。

3. 施工方法

为保证盾构施工过程中既有地铁线的安全,需进行二次深孔加强注浆,以提高管片强度和稳定性,减少后期沉降。管片背后二次深孔加强注浆图如图5.2-2 所示。

在管片纵向螺栓的位置,每 22.5°增加一个注浆孔,即在每个邻接块和标准块各增加两个注浆孔,每环管片注浆孔增加到 16 个。通过预留注浆孔进行

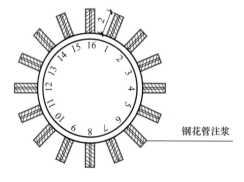

1:200

图 5.2-2 管片背后二次深孔加强注浆图

洞内注浆加固。注浆范围为隧道两侧 120°，注浆厚度为 1.5m。

管片背后二次深孔加强注浆采用 WSS 注浆工艺，注浆液采用水泥-水玻璃双液浆（浆液凝固时间较长时，可添加磷酸，改为化学浆液），注浆时需要在注浆口上安装止回阀，防止地下水通过注浆管流入隧道。根据实际施工情况及既有隧道内监测情况对单孔注入量进行调整。

4. 浆液配合比选定

（1）浆液形式为水泥-水玻璃双液浆

水灰比为：W：C＝0.6：1～1：1，双液浆水灰比（重量比）为 W：C＝1：1，水玻璃比（体积比）为 C：S＝1：0.4。双液浆凝结时间约为 30s，以便尽早加固地层防止浆液泄漏，并确保在列车振动和 7 级地震下不液化。

（2）特殊情况下需调整的浆液配合比

调整原则：根据进浆量和注浆压力的变化，及时调整浆液浓度。若长时间注浆压力无变化，且注浆量大，则先适当调高 AC 混合液中的水玻璃量，以缩短凝结时间（调整至 20s 以内即可），再适当调高 AC 混合液中的水泥浆量，同时适当调高注浆压力。

5. 工艺要求

（1）定孔位：对准孔位，垂直钻进，孔位偏差为 ±3cm，垂直度偏差不大于 1°。

（2）钻机就位：指定位置就位，调整钻杆的垂直度。对准后，钻机不得移位，也不得随意起降。

（3）钻进成孔：要慢速运转，掌握地层对钻机的影响情况，以确定在该地层条件下的钻进参数。密切观察溢水出水情况，出现大量溢水出水时，应立即停钻，分析原因后再进行施工。每钻进一段，检查一段，及时纠偏。

（4）回抽钻杆注浆：在进行注浆时，边注浆边根据压力与注浆量的变化回抽钻杆，严格控制提升幅度，一般每步不大于 15～20cm，匀速回抽。

6. 注意事项

（1）在一个注浆断面上，使用两套注浆设备同时对管片腰部两处注浆孔进行对称注浆，注浆深度加固至下穿段强风化岩层。

（2）因既有隧道管片拼装不完全对称，注浆时在自动化监测数据的基础上调整注浆角度和长度，同时控制两侧注浆压力基本相同，减小注浆对既有隧道的影响。

（3）在 WSS 注浆机上安装自动断电系统，当注浆压力达到设定值时直接断电。

5.2.2　全自动监控量测

根据盾构隧道相对关系，在快线通过范围内前后 20m 对既有隧道进行 24h

不间断全自动化监测，以间距不大于 2.4m，即隔一环布置一个监测断面。全自动化监测隧道竖向沉降，采用静力水准仪自动化系统实时监测，隧道水平位移采用全站仪自动化系统实时监测。全自动监测横断面布置示意图如图 5.2-3 所示。全自动化监测每隔 5min 自动监测系统向盾构现场监控室传递一次监测数据。现场监控室根据监测数据决定是否调整盾构推进的主要施工参数以及调整量的大小。自动化监测选用可靠、成熟的设备及经验丰富的监测人员实施。

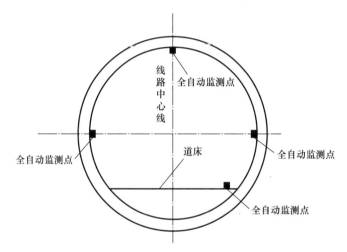

图 5.2-3　全自动监测横断面布置示意图

5.2.3　其他准备作业

1. 既有地铁线调查

盾构下穿前，联合监理、业主、运营单位及施工单位对地铁隧道表面、渗漏点和裂缝等缺陷进行检查并统计。

2. 技术准备

（1）根据对既有线的调查与补充地质勘探成果，紧密结合工程条件，评估盾构施工的特点和水平，提前编制施工技术方案，并通过内部讨论、专家会审等程序对技术方案进行优化。最后形成施工技术交底，召开专门技术交底会，将施工方案向现场施工人员、盾构掘进司机及现场值班技术人员进行详细交底。

（2）成立技术保障组。针对本工程下穿既有线施工，既有线变形控制难度大，工程安全风险高，而且是保证上部既有线安全的情况下实施施工，涉及的不确定因素较多。为此，需成立技术保障组，充分利用优势资源，深入开展盾构区间左、右线先后穿越既有地铁正线的技术方案研究，确保工程安全实施。

3. 物资准备

提前做好盾构机等施工设备的检查与维修，保证以良好的状态下穿既有地铁线区段施工。同时，按照施工方案、技术交底以及应急预案等在穿越既有地铁线之前做好各项物资准备。做好精细化施工准备保证下穿的连续性，防止因为物资的准备不足等客观因素而造成停机。每条线穿越前现场管片准备：现场需保证管片有 10 环库存，并及时根据用量进行补充。盾构施工耗材及周转材料准备：盾尾油脂 10 桶、润滑油脂 5 桶、泡沫剂 5t、轨道、轨枕若干。管片螺栓，止水橡胶条，抽水水泵等其他日用配件及常用现场设备也应准备充分。注浆材料的水泥、粉煤灰、水玻璃、膨润土应有充足的库存量，地面土坑及时组织外运，保证隧道内能及时出土，为盾构顺利穿越既有线提供充足的后备资源。

4. 设备准备

对机械设备，特别是盾构机进行维修保养，确保在穿越施工中，机械设备的情况良好。尤其是盾尾密封装置和螺旋机闸门等要确保能够随时有效发挥作用。良好的设备状态为盾构穿越提供强有力的动力保障，包括：盾构设备本身的良好状态，施工现场的龙门吊、电瓶车、充电机等设备的完好性与良好工作状态，电闸箱等供电设施的安全与稳定。在此基础上，严格保证穿越既有线时的匀速、连续性，确保在穿越既有线隧道时不停机。重点检查主轴承密封、中心回转体密封、铰接密封和盾尾密封，确保设备完好。

5.3　施工时保护措施

5.3.1　盾构掘进姿态控制

盾构掘进施工过程中的轴线控制是整个盾构施工过程中的一个关键环节，盾构在施工中大多数情况下不是沿着设计轴线掘进，而是在设计轴线的上、下、左、左方向上摆动，偏离设计轴线的差值必须要满足相关规范的要求，因此在盾构掘进过程中要采取一定的控制程序来控制隧道轴线的偏离。为防止盾构机姿态不好而造成地层损失，可运用导向系统和分区操控推进油缸对盾构姿态进行实时监控。

在确保盾构正面沉降控制良好的情况下，使盾构均衡匀速施工，盾构姿态变化不可过大、过频。每隔 5 环检查管片的超前量，推进时不急纠、不猛纠，多注意测量盾尾间隙，相对区域油压的变化量随出渣量和千斤顶行程逐渐变化，以减少盾构施工对地面的影响。

在掘进过程中关键是要严格控制千斤顶的行程、油压，根据测量结果调整盾构机及管片的位置和姿态，按"勤纠偏、小纠偏"的原则，通过严格的计算，合理选择和控制各千斤顶的行程量，从而使盾构和隧道轴线沿设计轴线在容许偏差范围内平缓推进。纠偏幅度不可过大，以控制隧道平面与高程偏差而引起的隧道轴线折角变化不超过 0.4%。

5.3.2 盾构掘进参数控制

根据盾构控制系统，及时反馈盾构施工中的刀盘转速、盾构推进速度、掘进方向等参数。根据地质条件情况、监测情况等及时进行掘进参数的调整和优化，若发现异常需及时调整。因此，对盾构掘进参数的管理应贯穿于盾构掘进过程的始终。通过查看施工报表、盾构控制室内监控设备等手段，及时收集和分析有关掘进参数的信息，通过信息反馈，动态掌握掘进参数的变化。重点关注土压力、刀盘扭矩和转速、盾构掘进速度、推力、区压、出土量等。

1. 土仓压力

土压平衡式盾构机掘进的原理是建立在开挖面前后的水土压力平衡的基础上。在盾构掘进的不同阶段，土压力设定是变化的（与土体重度、覆土深度、侧向土压力系数等因素有关），施工中考虑不同地质和隧道覆土的变化，结合环境监测数据不断调整。因此，平衡土压值的设定是土压平衡式盾构施工的关键，通过计算理论土压力与实际设定的土压力进行比较，判断土压力是否满足施工需要。

2. 出土量

土压平衡盾构施工是以切口环作为密闭土仓，盾构推进中切削后土体进入密闭土仓，随着进土量增加建立一定的土压力，再通过螺旋输送机完成排土，而土仓压力值是通过出土量进行控制。因此，出土量的多少、快慢与设定的土压力值密切相关，操作人员可通过每环理论出土量与实际每环出土量进行比较，判断出土量是否正常。

当出现出土量明显超标的情况时，立即保压停机，第一时间汇报值班领导并通知各单位，未经允许不得擅自恢复推进。

3. 掘进速度

盾构掘进速度主要受盾构设备进、出土的限制，若进出土速度不协调，极易出现正面土体失稳和地表沉降等不良现象，因此，应尽量保持均衡匀速连续掘进作业。当出现异常情况时（如遇到阻碍、不良地质、盾构姿态偏离较大），应及时停止掘进，封闭正面土体，查明原因后采取相应的措施处理。

4. 千斤顶推力

盾构机是依靠安装在支撑环周围的千斤顶推力向前推进的，推力的大小与盾构掘进所遇到的阻力有关，正确地使用千斤顶是盾构是否能沿设计轴线（标高）方向准确前进的关键。因此，在每环推进前，应分析盾构趋势，正确地选择千斤顶，合理地进行纠偏。

5.3.3　管片拼装控制

1. 拼装技术

（1）对于盾构推进，第一环的拼装质量对整条隧道的拼装具有非常重要的作用，因此严格控制第一环管片的拼装质量使之达到规定的要求。第一环管片是在工作井内负环之后拼装，拼装工作在井内的盾构基座上进行，拼好的管片高程、方向、坡度均应按要求严格控制。

（2）保证管片和缓冲材料的质量符合拼装的要求。管片的强度、几何尺寸、纵向和横向螺栓孔的位置、直径都要保证满足设计要求的质量标准。缓冲材料的质量要符合拼装工艺的要求，确保缓冲材料的强度、压缩性能、回弹性能、材料均匀性能、材料的厚度误差等均满足设计要求。

（3）保证管片拼装的质量。管片的拼装质量符合质量标准的要求，保证施工符合设计规定、满足使用的要求，是顺利、安全、优质地完成盾构推进任务的最基本要求。

（4）加强管片螺栓的一次拧紧和多次复紧工作。整条隧道由数千块管片组合而成，靠纵向、环向螺栓连接，螺栓连接的质量关系到隧道衬砌的整体性。螺栓拧紧不足，管片成环后容易造成在千斤顶作用下错位，降低环面平整度，从而直接影响下一环拼装。拧紧和复紧可以提高成环的质量，尤其是多次复紧更有利于提高成环的圆度。

（5）每环拼装结束后及时拧紧纵向、环向螺栓，推进下一环时，在千斤顶顶力的作用下，复紧纵向螺栓。当成环管片推出盾尾后，再次复紧纵、环向螺栓。

（6）加强盾构姿态的控制。盾构姿态的控制与管片拼装质量的控制是相辅相成的，精确的盾构姿态控制可以为管片的精确拼装提供条件，是提高拼装质量的基础，也为盾构的推进创造了有利的条件。

（7）管片表面不得出现裂缝、破损、掉角等现象。

2. 管片制作、拼装技术标准

根据《轨道交通预制钢筋混凝土盾构管片质量验收标准》QGD—003—2004和《盾构法隧道施工及验收规范》GB 50446—2017 的规定，预制成型管片允许偏差如表 5.3-1 所示。管片水平拼装检验允许偏差如表 5.3-2 所示。

预制成型管片允许偏差　　　　　　　表 5.3-1

序号	项目	允许偏差（mm）	检验方法	检查数量
1	管片宽度	±1	用尺量	3 点/片
2	管片弧弦长	±1	用尺量	3 点/片
3	管片厚度	+3/−1	用尺量	3 点/片

注：每日（不超过 15 环）抽查 1 环。

管片水平拼装检验允许偏差 表 5.3-2

序号	项目	允许偏差（mm）	检验频率	检验方法
1	环向缝间隙	2	每环测 6 点	插片
2	纵向缝间隙	2	每条缝测 3 点	插片
3	成环后内径	±2	测 4 条（不放衬垫）	用钢卷尺
4	成环后外径	−2~6	测 4 条（不放衬垫）	用钢卷尺

注：每套钢模，每生产 200 环检验一次。

3. 管片纠偏

盾构轴线的纠偏首先是衬砌的纠偏，力争使衬砌的环面与设计轴线接近垂直。轴线的纠偏是一个渐变的过程，要连续几环才能得到控制。在出现偏离轴线趋势时，及时调整千斤顶的行程差，必要时加贴纠偏楔子进行纠偏。

（1）平面轴线纠偏采用左右千斤顶的行程差来控制。纠偏做到勤测勤纠，纠偏量每环控制在 4mm 以内，避免过量纠偏增加地层的扰动，增加地面沉降及对建筑物危害，同时使环缝加大而引起漏水。

（2）管片在拼装前查看前一环管片与盾尾间隙，结合前环成果报表决定本环纠偏量和措施。

（3）管片拼装防止出现内外张角、踏步和喇叭口，保证管片拼装精度。

4. 拼装椭圆度控制

管片拼装成环后，及时检查其椭圆度，方法是用钢卷尺或插尺量测管片外壁和盾壳内壁之间的间隙（横轴方向和数轴方向），每环管片测量一次。当椭圆度大于 20mm 时应做调整，一般允许偏差为 5‰D，本工程为 30.5mm。根据测量成环管片的椭圆度数值来采取措施进行纠正。

（1）加强盾构姿态控制和管片选型；

（2）加强注浆过程监控，必要时调整注浆参数和注浆方法；

（3）紧固短轴和长轴向的环向螺栓；

（4）利用拼装千斤顶对短轴向的管片施加压力进行整圆处理；

（5）环向和纵向螺栓的多次紧固。

每环衬砌拼装完毕后，及时伸出千斤顶，防止盾构后退。同时及时拧紧纵向、环向螺栓，在推进下一环时，在千斤顶推力的作用下，复紧纵向螺栓。当成环管片推出盾尾后，根据拼装后的圆环椭圆度，再次复紧纵向、环向螺栓，以减少管片拼装的张角和喇叭口。

本工程选用的连接件是 M33、M39 螺栓，用于管片连接。连接件的属性、质量、类别、型号、供应或加工来源符合相关规定的要求。每批连接件按要求提供相关合格证明。

对连接件的质量按 0.1% 的比例进行抽查，主要是物理力学性能、外观尺寸和镀层厚度等。连接件按相关要求进行防腐蚀处理。

5.3.4　渣土改良

渣土改良就是通过盾构机配置的专用装置向刀盘面、土仓或螺旋输送机内注入添加剂，利用刀盘的旋转搅拌、土仓搅拌装置搅拌或螺旋输送机旋转搅拌使添加剂与土渣混合，其主要目的就是要使盾构切削下来的渣土具有较好的流塑性、合适的稠度、较低的透水性和较小的摩阻力，以满足在不同地质条件下掘进时都可达到理想的工作状况。添加剂主要有泡沫（黏土层）、膨润土以及聚合物（富水地层）。

（1）改良剂种类及配合比、掺量的确定

各种改良剂的性能指标如表 5.3-3 所示。

各种改良剂的性能指标　　　　　　　　　　表 5.3-3

内容	膨润土	泡沫剂
工作原理	利用添加的胶质减摩效果，使开挖土塑性流动，减少渗透性	利用微细泡沫的润滑效果，使开挖土塑性流动，减少渗透性
pH	7.5～10	7.3～8
黏度	2～10Pa·s	0.003～0.2Pa·s
适用土层	砂质黏土层、砂卵石	砂卵石、全风化、黏土层

根据国内外成功的施工经验，本工程拟采用在膨润土浆液基础上加泡沫剂，其效果比单独改良有很大改善：显著降低刀盘驱动电机负载、螺旋输送机油压及盾构推力，减小刀盘扭矩，减轻盾构设备的磨损，提高掘进速度和设备的使用寿命。

膨润土泥浆配合比为水：膨润土：外加剂＝10：1：0.2，膨润土为优质的钠基膨润土，外加剂为 CMC 等。

泡沫：95％压缩空气和 5％泡沫溶液；泡沫溶液的组成为泡沫添加剂 3％、水 97％。本工程所用泡沫剂黏度不低于 0.1Pa·s。

（2）泥浆和泡沫混合物的作用机理

泥浆和泡沫混合物的作用机理主要表现在以下几个方面：

1）通过注入泥浆和泡沫，在刀盘前方形成了一层泥膜，建立起泥土压力，为土体结构提供水平推力，有利于形成拱结构。

2）泥浆和泡沫使开挖面土体的强度和刚度得到加强，提高了开挖面土体的竖向抗力，对开挖面土体起到了支护作用，减少了开挖面土体失稳的可能。

粉砂、含砾中砂地层颗粒松散，无黏聚力，颗粒之间的传力方式为点对点，向开挖面土体添加泥浆后，泥浆包围在颗粒周围，形成了一层泥膜，增加了颗粒之间的黏聚力，使得颗粒之间的传力得到扩散，改善了土体的受力状况。另外，泡沫的体积极小，混合后泡沫的泥浆扩散性得到增强，可以在刀盘的搅拌下迅速渗透到土层中，将砂卵石颗粒包裹起来，降低了土体的密实度，改善了土体的流塑性。

3）利用泡沫优良的润滑性能，改善土体粒状构造，同时吸附在颗粒之间的气泡可以减少土体颗粒与刀盘系统的直接摩擦。降低土体的渗透性，又因其密度小，搅拌负荷轻，容易将土体搅拌均匀，从而做到既能平衡开挖面土压，又能连续向外顺畅排土。同时泡沫具有可压缩性，对土压的稳定也有积极作用。

（3）渣土改良的主要技术措施

考虑到下穿段在粉砂、含砾中砂地层中掘进，主要是要降低对刀具磨损、降低刀盘扭矩、降低螺旋输送机的磨损，防止喷涌，采取向刀盘前和土仓内及螺旋输送机内注入膨润土、泡沫混合物的方法来改良渣土。并增加对螺旋输送机内注入量，以利于螺旋输送机形成土塞效应，防止喷涌。过程中根据膨润土、泡沫改良效果及时进行配合比调整。

1. 膨润土的使用

膨润土可以在工作面上形成低渗透性的泥膜，这样有利于工作面传递密封仓的压力，以便平衡更大的水土压力，也可以改变密封仓内土的和易性，提高砂土的塑形，以便于出土，减少喷涌。盾壳周边充满膨润土，可以减少盾构推力，提高有效推力，降低扭矩，节约能耗。

膨润土系统主要包括膨润土箱、膨润土泵、气动膨润土管路控制阀及连接管路。需要注入膨润土时，膨润土被膨润土泵沿管路向前泵送至盾体内，根据需要，将膨润土加入到开挖室，泥土仓或螺旋输送机，达到通过螺旋输送机出土速度稳定调节土压力，仓内渣土进出平衡且置换连续的效果。

其配合比为：水：膨润土：粉煤灰：添加剂＝4：1：1：0.1，加泥量为20％～30％出土量。注入压力与盾构的土仓压力一致或略高。

配合比和注入量根据地质条件及施工情况及时加以调整。

2. 泡沫剂的使用

泡沫通过盾构机上的泡沫系统注入。泡沫溶液的组成：泡沫添加剂3％，水97％。泡沫组成：由90％～95％压缩空气和5％～10％泡沫溶液混合而成。泡沫的注入量按开挖方量计算：300～600L/m³。

配合比和注入量根据地质条件及施工情况及时加以调整。

泡沫剂使用注意以下几点：

1）首先检查发泡情况，混合液是否全部变为气泡。

2）当盾构停机时间较长重新启动时，可向土仓和螺旋输送机内注入一些泡沫。

3）水中杂物过多会堵住起泡器，所以应保持水质干净。

5.3.5　二次注浆加固措施

根据盾构下穿既有线专项设计要求，积极对地层做好二次注浆加固措施。

同步注浆浆液凝固后，体积会有一定的收缩，局部浆液与土体之间仍存在空隙，二次注浆能进一步充实背衬空隙和提高止水能力，提高管片周围土体密实度，有效控制地层变形和地表沉降。二次补强注浆一般在管片与岩壁间的空隙充填密实性差，致使地表沉降得不到有效控制。施工时根据地表沉降监测反馈信息，结合洞内采用超声波或其他手段探测管片衬砌背后有无空洞的方法，综合判断是否需要进行二次注浆。

1. 注浆材料、浆液配合比及性能指数

二次注浆采用双液浆作为注浆材料，能对同步注浆起到进一步补充和加强作用。同时也是对管片周围的地层起到充填和加固作用。双液浆的初步配合比见表 5.3-4，浆液性能指标见表 5.3-5。

双液浆的初步配合比　　　　　　　　　　　　表 5.3-4

	浆液	材料	使用量
每立方浆液材料使用量 （A 液∶B 液体积比为 1∶1）	A 液（水灰比为 1∶1）	水（L）	378
		水泥（kg）	378
	B 液（水∶水玻璃为 2∶1）	水（L）	365
		水玻璃（kg）	182.5

浆液性能指标　　　　　　　　　　　　表 5.3-5

注浆方式	性能指标					
	稠度 （cm）	密度 （g/cm³）	结石率 （%）	凝胶时间 （h）	1d 抗压 （MPa）	28d 抗压 （MPa）
二次注浆	12.5～13.0	1.43～1.55	＞97	＜4	＞0.3	＞4.5

双液浆的凝结时间为 15～20s。在本区间下穿既有线前，需根据试验段地层变化情况和地表沉降进行试验，调制出最为理想的双液浆配合比，以指导穿越段施工浆液配合比。

2. 注浆量与压力控制

二次注浆一般情况下则以压力控制，达到设计注浆压力则结束注浆，视结果可再次进行注浆。注浆压力控制在 0.4MPa，扩散半径约为 400mm。在施工中，根据注浆施工现场情况和地表沉降监测值及时调整，以注浆压力和注浆量双重控制，以达到最优效果。

3. 二次注浆方式

盾构进入设计加固范围后，根据变形监测结果，如果变形超过监测图中的报

警值，利用管片预留注浆孔进行管片外径向注浆，先在注浆预留口安装球阀，再用电动冲击钻进行开孔，进行二次注浆加固，注浆加固完成后，用快速水泥进行封堵，填实注浆孔，并根据实际隧道沉降监测情况调整，以保证隧道线形在规范要求的范围内。

在盾构下穿既有线的过程中，将跟踪二次注浆作为盾构推进的常态化工序，当推进至设定环号时将盾构自带二次注浆系统通过三通管路连接至已脱离盾尾的管片上，及时进行跟踪二次注浆，使管片壁后浆液及时凝固，填充空隙，防止管片上浮和地面下沉。

在盾构机后配套车架上配备了整套注浆设备及材料平台，跟随盾构机一同前进。当成型隧道管片存在渗漏水时，立即利用注浆平台在对应位置进行第二次，甚至第三次注浆。进行补浆时，盾构推进可以正常进行。车架平台补充注浆示意图如图 5.3-1 所示。

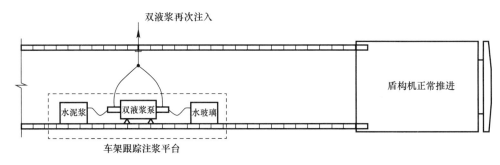

图 5.3-1　车架平台补充注浆示意图

4. 二次注浆注意事项

（1）钻杆顶进时，注意保护管口不受损、变形，以便与注浆管路连接。

（2）二次注浆之前，须现场进行浆液配合比试验，通过试验确定浆液初凝时间和流动性等参数，根据试验情况确定水泥和水玻璃的使用量。

（3）二次注浆期间，安排专业实验员和机械工程师值班，严格按照试验结果进行注浆，并严密观察二次注浆可引起的管片变化、地表变化等。

（4）二次注浆要求低压力、多次、适量、适时，以控制左、右线隧道的变形量及变化速率。压力控制在 0.4MPa，并要求跳环注浆，以减少和控制上下隧道结构的相互影响，拔管子需均匀慢速地拔出、力求扰动小。浆液 1d 的强度应不小于周围加固土体的强度，填充率不小于 150%。注浆加固后的土体应具有良好的均匀性和较小的渗透系数，加固指标：$q_u = 0.2 \sim 0.3$MPa。

5.3.6　穿越段管片加强措施

为控制周边建构筑物的沉降及盾构自身沉降，需对下穿或侧穿建构筑物范围前后 15m 范围内管片增设注浆孔，同时在相应埋深对应管片类型上增加一级（若原为 6 型管片则不再增加），螺栓强度等级由 8.8 级提高至 10.9 级。对于隧道下穿段前后 20m 范围，每环增设共 16 个注浆孔。增设注浆孔管片构造如图 5.3-2 所示。增设注浆孔管片剖面图如图 5.3-3 所示。

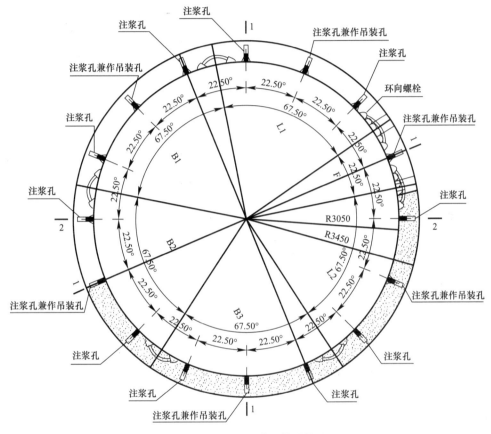

图 5.3-2 增设注浆孔管片构造

管片将邻接块和标准块的注浆孔由 1 个增加为 3 个，在原有注浆孔的基础上再增设 10 个注浆孔，共 16 个注浆孔。其中原有 6 个注浆孔兼作吊装孔，盾构通过后利用吊装孔设注浆孔，对盾构隧道拱顶和拱肩一定范围内地层进行注浆加固。注浆材料以水泥浆液为主，注浆参数，包括浆液配合比、注浆压力、注浆顺序、注浆时间和注浆量等，严格按照试验段合理参数，并在注浆施工过程中根据监测反馈信息及时进行优化。

5.3.7 远程监控措施

盾构机都有数据采集、显示与传输系统，在开挖期间提供有效的帮助，基本

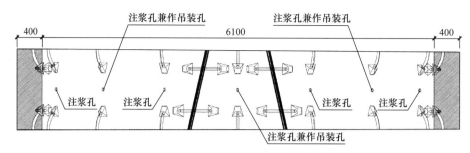

图 5.3-3　增设注浆孔管片剖面图

组成包括：安装在控制室里的一台工业 PC，它通过一台 RS232 连接器与机器的 PLC 程序相连接。

设备检测器提供的所有数据连续不断地通过 PLC（可编程逻辑控制器）读取。PLC 使用这些数据参数进行程序控制。

在主机及后配套系统上安装多部通信电话。在管片安装区域、螺旋输送机排渣区域、皮带输送机出渣口、管片吊运区域各安装一台摄像机，主控室内安装监视器，用以监视以上四个区域的工作情况。

地面设有监控室，通过远程监控系统把盾构机的电控运行参数提取并网络传输至远程设备监视管理平台，供工程技术人员随时随地对所有盾构机现场施工情况及设备情况进行监视。

5.3.8　盾尾密封控制

下穿环既有线地层为含砾中砂，该地层透水性强，故对盾尾密封油脂要充分注入确保盾尾密封可靠性。

盾构机采用三道盾尾钢丝密封刷和一道止浆板，可有效防止盾尾透水。盾尾刷在下穿既有线前无法打开检查，为确保掘进安全，下穿前利用管片注浆孔对两个盾尾仓进行彻底检查，以后定期检查，每 10 环全面检查一次，正常状态掘进中（在没有发生漏水窜浆状态下），每 2 环正常补脂一圈，确保盾尾密封油脂压力不小于 5.0MPa。

加强中体与盾尾铰接处的密封检查，及时调节密封压板螺栓，保证其密封效果，防止地下水涌入。

控制好管片姿态，居中拼装，防止盾构建筑空隙过大形成透水通道，必要时在管片外侧粘贴海绵条用于止水，封堵管片与盾构间的间隙。每次管片拼装前必须把盾壳内的杂物清理干净，以防对盾尾刷造成损坏。

采取上述措施后，基本可控制盾尾渗漏。如果盾尾发生渗漏，则从管片注浆孔压注聚氨酯，形成环圈，封闭涌水通道。

5.4　施工后保护措施

穿越实施完成后，对既有地铁隧道进行持续监测和调查，并对评估认定的相关病害区段进行全面整治和加固。如在受穿越影响的隧道管片区段增设预埋注浆管，盾构穿越结束后，根据监测情况，对隧道变形尚未稳定区段进行微扰动二次注浆，达到抬升隧道或控制后期沉降的目的。

5.4.1　多次注浆

由于同步注浆的浆液和二次注浆的浆液，有可能会沿土层间隙渗透流失，而造成地层依旧存在一定间隙，且浆液的收缩变形也引起地面变形及土体侧向位移。在下穿后采用对管片背后的空隙再次以二次注浆的形式进行多次注浆以填充密实。

5.4.2　自身隧道深孔微扰动（WSS）注浆加固

盾构穿越完成后通过注浆管对隧道穿越段前 20m，下穿后 20m，进行深孔微扰动（WSS）注浆加固。

5.5　本章小结

本章结合前几章研究内容，参考既有隧道控制指标，阐述了克泥效工法施工控制技术并提出了相应的具有工程易用性的既有地铁隧道控制防护措施，为类似工程施工提供一定参考。

第6章　安全监测及信息化系统研发

6.1　系统总体设计

6.1.1　系统数据架构

　　盾构安全监测及信息化系统是利用 WebService、JSON 等技术手段，以 B/S 模式为基础架构的专业安全管控系统平台。整个系统平台可分为网页端、移动端 APP 及大屏系统，三者之间进行了统一集成。系统架构依次可分为应用层、服务层以及数据层，各层级之间进行数据的交换、互通，实现了各个功能模块之间的数据联动，使系统平台具备较强的功能扩展性。城市地下工程盾构施工风险分级管控信息化平台见图 6.1-1。

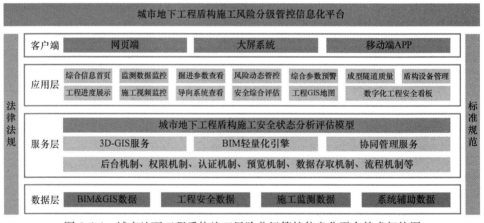

图 6.1-1　城市地下工程盾构施工风险分级管控信息化平台技术架构图

6.1.2　系统功能架构

　　该系统平台主要功能架构设计要素包括：实现对盾构机掘进全过程关键参数控制情况（如土压力、刀盘扭矩、姿态偏差等）及施工现场作业视频的实时监控管理；盾构自身及周边环境及岩土体的动态变化监测数据查看、汇总及统计分析；盾构穿越风险源动态预警提示及管控；成型隧道管片质量问题的填报、整改跟踪；盾构机设备基础信息的台账管理以及盾构当前施工状态及完成进度汇总统计分析等功能，盾构施工风险管控平台功能架构图如图 6.1-2 所示。

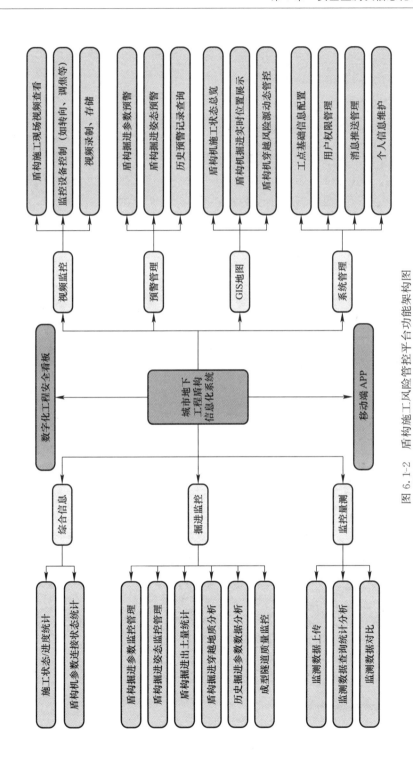

图 6.1-2 盾构施工风险管控平台功能架构图

6.2　全品牌多元异构盾构掘进参数实时接入技术研发

6.2.1　总体技术路线

盾构机掘进参数数据通常存储于机载工业电脑（地下工控机）的数据库中，地面监控室电脑（上位机）与地下工控机之间采用局域网连接。另外，地下工程的盾构掘进施工往往涉及多种品牌的盾构机，而各品牌盾构机会自带不同的掘进监控系统，其数据库类型通常存在很大的差别。本平台在保证上位机具备访问互联网的前提下，安装采集器程序，即可将盾构机掘进参数上传至系统平台服务器中，进而通过计算、分析最终展示到前端页面。通过研发形成了对当前主流全品牌盾构机的实时接入。盾构参数接入总体逻辑拓扑示意图见图 6.2-1。

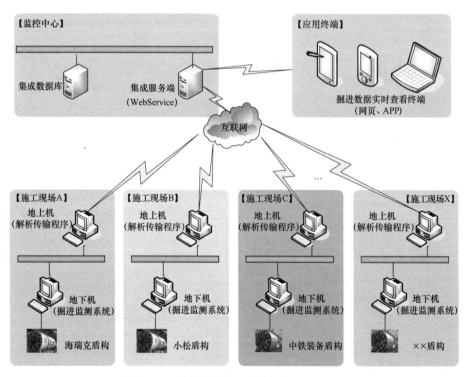

图 6.2-1　盾构参数接入总体逻辑拓扑示意图

6.2.2　掘进参数接入总体设计

（1）数据文件读取

通过设定只读用户和密码或设定特定的共享访问用户，可实现对该文件（或文件集合）有权限的共享方式进行读取。

（2）可扩展的解析器

利用面向对象语言将解析过程抽象为解析基类（包含解析通用的对象、方法和事件），其优势在于，当有新的盾构监测数据格式需要集成时，只需引用解析器动态链接库，继承解析基类后实现特有的解析方法即可。

（3）构造统一数据格式

JSON（JavaScript Object Notation，JS 对象标记）是一种轻量级的数据交换格式，易于人阅读和编写，同时也易于机器解析和生成并有效地提升网络传输效率。本平台在数据集成过程中，数据格式统一采用 JSON 标准。

（4）设计具备容错机制

本平台整个软件部署后自动运行，程序需具备完备的日志记录机制，对于执行过程特别是出错内容能够翔实的记录，为维护和优化工作提供条件。

6.3　掘进参数实时预警报警机制设计

6.3.1　总体技术路线

当前面对海量的掘进参数，如缺乏有效预警分析机制，则无法准确甄别出异常情况，进而导致风险管控失效。本平台依托盾构掘进大数据分析优势，充分利用智能预警算法实现盾构参数异常智能化预警，并通过网页端及 APP 端推送至相关负责人，起到风险预警提示的作用。盾构参数预警机制总体技术路线如图 6.3-1 所示。

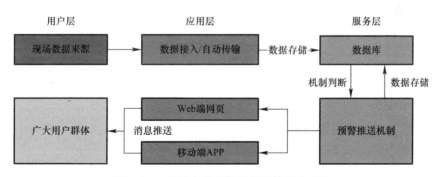

图 6.3-1　盾构参数预警机制总体技术路线

6.3.2　分级预警机制及信息推送机制

1. 智能分级预警机制

本平台设置基于盾构掘进主要参数动态变动"三级预警"机制，对应严重程度从大到小分别为一级预警（红色）、二级预警（橙色）、三级预警（黄色）。另考虑到盾构参数接入较多后，可能触发大量的预警的信息，且部分盾构数据存在"波动"情况，基于正常与不正常之间跳动，更进一步造成预警信息量庞大，导致某些重要信息被忽视掉。本文三级预警机制综合考虑数据波动因素，并依据前五环掘进参数平均值指导后一环的掘进参数，以起到预控预防的目的，兼顾提高盾构掘进参数预警机制的自适应、自调整、自优化。盾构掘进参数三级动态预警机制设计如表 6.3-1 所示。

盾构掘进参数三级动态预警机制设计　　　　表 6.3-1

序号	盾构参数	前五环平均值	一级预警	二级预警	三级预警	备注
1	盾构姿态	/	$\pm b_0$	$\pm c_0$	$\pm d_0$	盾构姿态为精确测量的状态量，姿态达到 b_0、c_0、d_0 值以后即进行分级提醒，该指标可不进行以均值为基础的预警提示，其中 b_0、c_0、d_0 一般为设计文件中给定的本区间盾构姿态预警报警阈值
2	注浆量	a_1	$a_1 \pm a_1 \times 15\%$	$a_1 \pm a_1 \times 30\%$	$a_1 \pm a_1 \times 50\%$	注浆量与注浆压力均为影响地表沉降的主要因素，应该根据地质情况进行分级提醒，可考虑设置前 5 环平均值的 15%、30%、50% 的偏差量方量进行分级预警。
3	注浆压力	a_2	$a_2 \pm a_2 \times 15\%$	$a_2 \pm a_2 \times 30\%$	$a_2 \pm a_2 \times 50\%$	土仓压力不宜有较大波动，结合地表沉降进行分级提醒，可考虑设置前 5 环平均值的 10%、20%、30% 的偏差量方量进行分级预警控制。
4	土仓压力	a_3	$a_3 \pm a_3 \times 10\%$	$a_3 \pm a_3 \times 20\%$	$a_3 \pm a_3 \times 30\%$	b_1 为合理的波动范围，c_1 为该地层合理推进的最大扭矩，d_1 一般为盾构机的保护扭矩的 90%，b_2 为合理的波动范围，c_2 为该地层合理推进的最大推力，d_2 为盾构机的最大推力的 90%
5	刀盘扭矩	a_4	$a_4 + b_1$	c_1	d_1	
6	总推力	a_5	$a_5 + b_2$	c_2	d_2	

2. 信息推送机制

针对基于上述预警机制的信息推送，本平台设计采用的推送规则：1）数据从"正常"到"超限"或发生低等级预警上升到高等级预警状态时，瞬间发送一次预警推送；2）数据从预警状态回落到正常范围内时，瞬间再次推送一次提示信息；3）在一天内，可确保同一个设备各等级的预警信息最多只推送一次，当天如出现一级预警的设备，人工实时监控，而不再推送信息，避免了因设备异常导致数据波动引发响应机制麻痹弊端，同时又可最大限度保证不遗漏异常情况。分级预警触发机制及推送处置规则如图 6.3-2 所示。

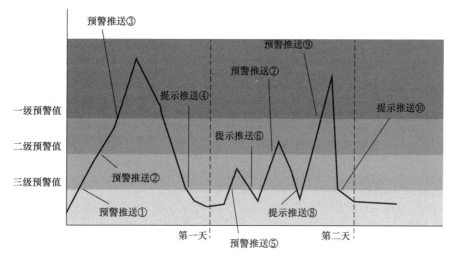

图 6.3-2　分级预警触发机制及推送处置规则

6.4　研发及应用

本盾构系统平台研发基于多元异构监测传感器数据解析及集成，大型设备智能监控设备参数获取与物联传感，多维度底层数据库建设及多图层信息集成展示技术，研发形成了集智能地表变形、地层变形、结构内力、盾构掘进参数等监控对象的全要素盾构自动化集成监控，基本实现了对国内所有型号盾构机 PLC 控制参数全面接入功能，可实现在确保网络信息安全的情况下，盾构掘进参数从局域网到互联网多层次稳定高效地传输，进而实现掘进参数在线查看、智能多级预警、历史数据回看统计分析等功能。

6.4.1　总览中心

本模块主要用于展示全线网盾构掘进施工安全监控总体情况，包括盾构机当前的施工状态（未始发、掘进中、已接收）、施工的进度信息，如完成总环号的百分比。并支持按线路、盾构机品牌、掘进状态等进行综合筛选、统计分析等功能。

6.4.2　GIS 总览及风险源动态管控

本模块基于 GIS 多图层展示技术，可实现全线网盾构机实时动态位置获取及展示，当前风险源（与环号关联）盾构机位置关系实时解算，盾构影响风险源前期动态预警提示，穿越影响风险源过程中风险状态动态实时监控展示等功能。

6.4.3　盾构掘进监控管理

掘进监控管理模块通过"监控量测""视频监控""掘进监控"三个方面来对

盾构施工全方位监控。

（1）监控量测模块。本模块主要通过信息化、智能化监控手段使各监测单位的监测数据按统一格式上传至远程监控平台，经过平台处理后供用户随时在线查询、分析、导出，以及基于多维监控指标设置的自动预警报警功能。

（2）视频监控模块。主要实现对盾构施工现场关键作业面（如盾构机螺旋机出土口、管片拼装区、泥浆池等）监控视频远程接入，支持用户在平台中进行在线调用查看任一画面，利用平台中提供的"录像"功能对画面进行录制并存储功能。

（3）盾构掘进参数监控管埋。基于平台实现实时展示盾构机掘进关键参数信息，如土压力、刀盘扭矩、掘进速度、注浆量等重要参数解算监控，同时提供参数回看功能，用户输入指定的环号信息即可回溯历史参数界面。

（4）盾构掘进姿态监控管理：可实现对盾构姿态实时接入监控。

（5）盾构掘进出土量统计：该功能为现场施工管理用户提供了一个盾构施工出土量填报的入口，并实现系统自动汇总统计。

（6）穿越地层地质分段分析：通过平台预先导入每个盾构区间的地质剖面图（含排环），利用盾构机接入环号自动更新，该功能可实现盾构机掘进环号进度自动展示，同时支持查看掘进区间地质剖面图当前地层信息，以及掘进关键参数变化情况。

（7）历史掘进参数回溯分析：平台支持按单环及多环进行分析查询，在单环分析中由用户输入具体的环号，系统可实现自动抓取该环各个时刻的数据变化情况展示给用户。在多环分析中系统根据用户的需要截取每一环的最大值/最小值/平均值来展示参数随环号的变化情况。

（8）成型隧道工后质量风险监控：该模块实现了对成型隧道管片缺陷、隧道轴线偏差等信息的录入、统计、分析等功能，参建单位上传缺陷信息至该模块，需要指定单位对其进行审核，信息即可录入数据库中。管理层用户可对质量信息进行分类、多维度统计分析。

6.4.4 智慧化分级预警机制

本模块将前述盾构掘进实时预警报警机制嵌入，主要实现掘进参数超限预警、监测数据超限预警、风险动态管控。并形成了如下模块功能：

（1）风险动态管控

根据施工准备期静态风险评估成果内容，将盾构工程涉及的穿越建（构）筑物、地下管线等重要风险源通过系统平台数字转化为单个独立的对象，并与盾构掘进环号相关联，实现盾构全过程风险动态管控，自动预警提醒相关单位在施工前采取有针对性的措施。

（2）掘进参数超限智能预警

针对已接入的盾构掘进海量参数信息，如土压力、刀盘扭矩、掘进姿态等，系统平台根据预设的阈值自动判别数据异常情况，并通过短信平台、手机 APP 等方式主动推送预警信息至相关单位用户，优化现有掘进参数。

（3）监测数据超限智能预警

盾构掘进施工对周边环境产生的影响主要由监测数据来体现，如地表沉降、管线沉降等，数据的大小等直接反映施工影响的程度。系统平台依托大数据算法，自动甄别超限监测数据累计变化量和变化速率，对超限点位进行自动预警，并通过多种途径推送至相关单位人员予以关注，进一步采取措施，确保盾构顺利推进。

6.5　地铁保护监测实施方法

6.5.1　自动化监测

1. 监测思路

监测以自动化监测为主，人工复核为辅。对周边同时进行影响地铁的其他施工的位置进行加密监测和重点关注。自动化监测的同时，定期或不定期（变形较大、报警时）进行人工复核。

2. 监测项目及内容

地铁隧道监测项目及内容主要为：水平位移、相对收敛、竖向位移、两轨高差。盾构隧道监测断面布设方案如图 6.5-1 所示，各监测项目监测点棱镜分配如表 6.5-1 所示。

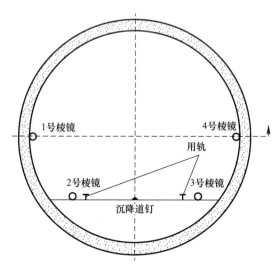

图 6.5-1　盾构隧道监测断面布设方案

各监测项目监测点棱镜分配 表 6.5-1

序号	监测项目	对应监测点棱镜	备注
1	竖向位移	2号或3号棱镜	
2	水平位移	2号、3号棱镜	盾构隧道
3	水平收敛	1号、4号棱镜	
4	两轨高差	2号、3号棱镜	

3. 监测仪器设备

自动化监测可采用徕卡 TM50 型测量机器人及自动监测软件 GeoMoS（以下简称"GeoMoS"），实施自动化监测。仪器性能参数及主要技术指标见表 6.5-2。

仪器性能参数及主要技术指标 表 6.5-2

技术指标		仪器图片
型号	徕卡 TM50 全站仪	
测角精度	±0.5″	
最小显示	0.1″	
测距精度	±（0.6+1ppm×D）mm	
自动照准	自动照准目标，实现等角等距测量	
自动目标识别（ATR）定位精度	±0.5″	

GeoMoS 是由徕卡测量系统研发的自动化监测软件平台，其软件主要由两部分组成：监测器和分析器。监测器已经拥有成熟的测量和计算程序，能为要求极高精度的应用提供理想的解决方案。分析器可以图形化和数字化呈现数据，其结果可用不同的方法来显示。很多点可以同时在一个图像上表示。GeoMoS 主要界面和监测界面如图 6.5-2、图 6.5-3 所示。

GeoMoS 所有的测量数据和结果数据都存放在一个 SQL 数据库中，无论用 GeoMoS 或第三方软件都可以本地或远程安全访问这些数据进行分析。系统支持各类传感器，联合使用一系列测量和大地传感器所采集到的数据，GeoMoS 能帮助您将风险降到最低点。

GeoMoS 采用严格的数据筛选和处理算法以确保传感器上得到最高精度的数据。对于由 GNSS 和全站仪所组成的监测系统，GeoMoS 可以采用最新的 GNSS 技术和徕卡 GNSSSpider 无缝联合，进行高级监测。GeoMoS 监测某断面过程线与监测数据汇总如图 6.5-4、图 6.5-5 所示。

4. 工作点棱镜布设

自动化监测断面布设与人工监测断面保持一致。

盾构段监测点棱镜安装在管片的两腰和道床两侧，一个断面共 4 点，监测点布设应尽量避开人员行走通道，避免人为触碰导致测点失准。各监测点棱镜沿全

图 6.5-2　GeoMoS 主界面

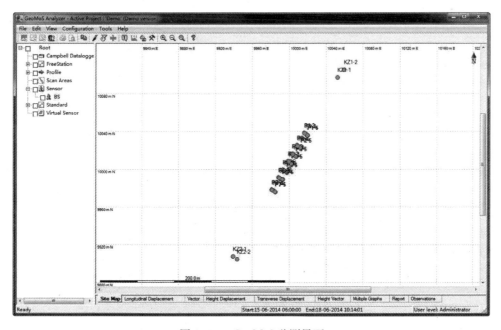

图 6.5-3　GeoMoS 监测界面

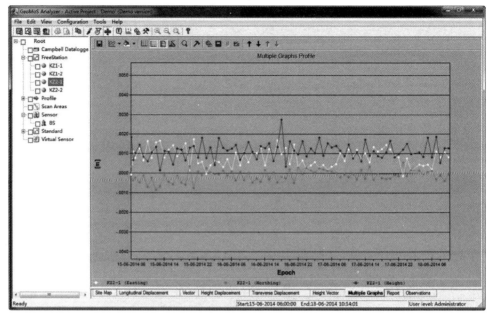

图 6.5-4　GeoMoS 监测某断面过程线

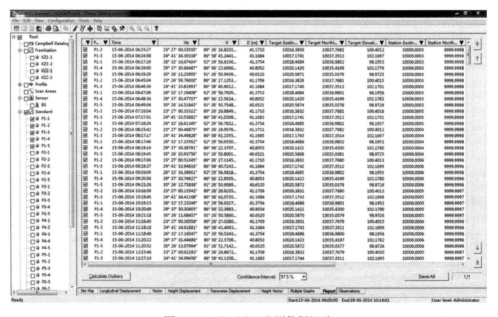

图 6.5-5　GeoMoS 监测数据汇总

站仪视线方向错开，且镜面垂直于全站仪视线。监测点的布设要在工作基点及基准点布设完毕之后进行，为避免在小视场角范围内出现多个棱镜，监测点布设过程中要进行多次试测读数，确保数据有效可靠；监测点布设应满足行车限界及设备限界要求。

5. 监测方法

（1）监测坐标系统建立

自动化监测基准点、工作基点布设完成后，正式开始测量前，应建立监测基准。

（2）自动化监测

1）TM50自动化监测系统的建立

① 系统架构

自动变形监测系统主要由数据采集、数据传输、系统总控、数据处理、数据分析和数据管理等部分组成。自动化变形监测系统如图6.5-6所示。

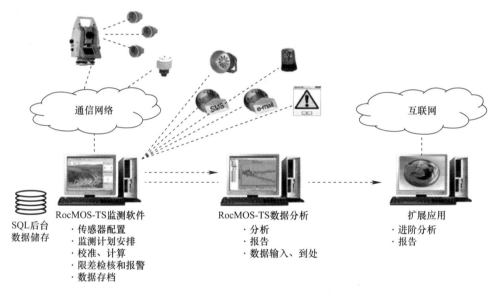

图6.5-6　自动化变形监测系统

② 通信架构

自动化变形监测通信模型如图6.5-7所示。

③ 系统调试

仪器通信调试，服务器稳定性调试，工作周期为2～3d。

④ 获取监测点的初始值

系统通信调试完成后，利用测量机器人，依次测量各监测点，获取各监测点的坐标，再通过自动化组网测量系统，采集不少于3d的数据，取其平均值，作为各监测点初值。

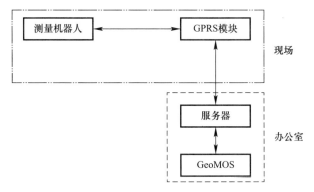

图 6.5-7　自动化变形监测通信模型

2）监测频率及报警设置

按照要求设置监测频次和报警限值、报警方式等。

（3）数据处理

1）竖向位移数据处理

通过自动化或人工监测得到各管片监测点的高程，再用高程计算各监测点沉降值。

各监测点的沉降量为：

$$\Delta H_i = H_i - H_{i-1} \tag{6-5-1}$$

$$\sum \Delta H_i = H_i - H_0 \tag{6-5-2}$$

$$V_i = \Delta H_i \div \Delta T \tag{6-5-3}$$

式中：H_i 为第 i 期高程；ΔH_i 为第 i 期沉降量；$\sum \Delta H_i$ 为第 i 期累计沉降量；V_i 为第 i 期沉降速率；ΔT 为间隔观测时间。

测点损坏重新布设后，数据衔接需在所测得数值上叠加原相应点位累计沉降量，还要参考前后左右各监测点在损坏期间的位移（沉降）量加以修正。

2）水平位移数据处理

通过自动化或人工监测得到各监测点的平面坐标，根据平面坐标变化得到隧道横向、纵向位移。

各监测点的最近横向位移量为：

$$\Delta X_a = X_{ai} - X_{ai-1} \tag{6-5-4}$$

各监测点的最近纵向位移量为：

$$\Delta Y_a = Y_{ai} - Y_{ai-1} \tag{6-5-5}$$

各监测点的累计横向位移量为：

$$\sum \Delta X_a = X_{ai} - X_{ai0} \tag{6-5-6}$$

各监测点的累计纵向位移量为：

$$\sum \Delta Y_{\mathrm{a}} = Y_{ai} - Y_{ai0} \tag{6-5-7}$$

式中：ΔX_{a} 为 a 点最近两次监测期的横向位移量；$\sum \Delta X_{\mathrm{a}}$ 为 a 点累计的横向位移量；X_{ai} 为 a 点第 i 次监测得到的 X 坐标；X_{ai-1} 为 a 点第 i 前一次监测得到的 X 坐标；X_{ai0} 为 a 点第 1 次监测得到的 X 坐标。

测点损坏重新布设后，数据衔接需在所测得数值的基础上叠加原相应点位累计水平位移，还要参考前后左右各监测点在损坏期间的水平位移加以修正。

3）管片水平向收敛数据处理

通过各监测点的三维坐标反算测点间水平向距离 S_i，并与上次的值 S_{i-1} 进行比较，其差值就是本期水平向收敛量，与初始值进行比较，其差值就是该环管片的累计收敛量，本期收敛量与两期间隔时间相比即为本期收敛变形速率，计算公式如下：

$$s_i = \sqrt{(x_{\mathrm{a}} - x_{\mathrm{b}})^2 + (y_{\mathrm{a}} - y_{\mathrm{b}})^2 + (h_{\mathrm{a}} - h_{\mathrm{b}})^2} \tag{6-5-8}$$

$$D = S_i - S_{i-1} \tag{6-5-9}$$

$$\sum D = S_i - S_0 \tag{6-5-10}$$

式中：x_{a}、y_{a}、h_{a} 为 a 测点的 x 坐标，y 坐标及 h 坐标（高程）；D 为本次隧道收敛量；$\sum D$ 为隧道累计收敛量；S_0 为隧道初始内径；S_{i-1} 为上次测量隧道内径值；S_i 为本次测量隧道内径值。

4）轨道高差监测数据处理

通过自动化监测得到各轨道监测点的高程，再用同断面间监测点高程计算轨道间高差。

各监测断面的轨道高差计算公式如下：

$$\Delta H_i^{\mathrm{a}} = H_{Zi}^{\mathrm{a}} - H_{Yi}^{\mathrm{a}} \tag{6-5-11}$$

式中：ΔH_i^{a} 为第 a 断面，第 i 期的轨道高差；H_{Zi}^{a} 为第 a 断面，第 i 期的左轨测点高程；H_{Yi}^{a} 为第 a 断面，第 i 期的右轨测点高程。

测点损坏重新布设后，数据衔接需在所测得数值基础上叠加原相应点位轨道高差变化量。

6.5.2　人工复核监测

1. 复核监测

（1）测点布设

人工复核监测点利用现有长期运营监测点，人工复核监测点布设与自动化监测点布设相对应，以方便数据复核的可对比性与准确性。盾构隧道沉降人工复核监测点布设示意图如图 6.5-8 所示。

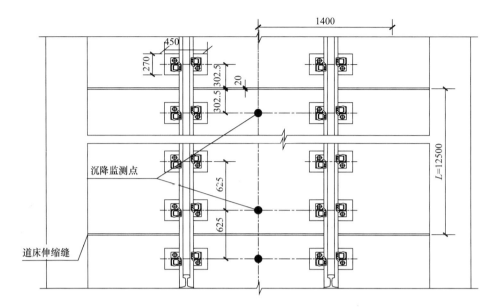

图 6.5-8　盾构隧道沉降人工复核监测点布设示意图

（2）人工复核测量方法

人工复核采用二等水准精度从曹家桥站工作基点往朝阳站方向测量，然后闭合回曹家桥站工作基点，沉降点连成闭合水准路线。

1）使用 TrimbleDINI03 电子水准仪施测。

2）监测点沉降观测可采用单程观测（基准点复核需采用往返观测）。

3）水准观测应在标尺分划线成像清晰稳定时进行。

4）设置测站

① 观测时应在水准路线上标定尺、站位置，以保证每期观测的一致性。

② 2 次读数所测高差的差≤0.4mm。

5）测站观测顺序和方法

① 单次测量奇数测站照准标尺的顺序为：后视标尺→前视标尺→前视标尺→后视标尺。

② 单次测量偶数测站照准标尺的顺序为：前视标尺→后视标尺→后视标尺→前视标尺。

2. 收敛监测

（1）监测点布设

人工监测点布设与自动化监测点布设相对应，采用长期运营监测点，以便数据复核的可对比性与准确性。测点标志分别为"L""＋"，并利用激光测距仪测量两点间的距离，通过计算距离变化以求得管片收敛的数据。

（2）收敛监测仪器

收敛监测仪器采用徕卡 D510 型激光测距仪。

（3）测量方法

在隧道管片两腰中部一侧设置"L"标志，另一侧设置"＋"标志，并利用激光测距仪测量两点间的距离，通过计算距离变化以求得管片收敛的数据。为减小测试误差，每次测试应至少测试三次取平均值作为本次测量值。

3. 联络通道差异沉降监测

（1）测点布置原则

根据本项目设计图纸及现场的实际情况，联络通道差异沉降监测选择在联络通道底板与相同里程隧道道床上设点。测点布设位置严格按设计要求执行，如现场情况特殊，可根据实际情况稍做调整。

（2）测点布置方法

在设计位置采用冲击钻成孔，再打入带"＋"字丝的测钉，然后用水泥砂浆进行固定，并用白色油漆进行标识、编号。

4. 联络通道中心沉降监测

（1）测点布置原则

联络通道中心沉降监测选择在联络通道中心的底板上设点。测点布设位置严格按设计要求执行，如现场情况特殊，可根据实际情况稍做调整。

（2）测点布置方法

在设计位置采用冲击钻成孔，再打入带"＋"字丝的测钉，然后用水泥砂浆进行固定，并用白色油漆进行标识、编号。

6.5.3　地铁保护区状态调查与日常巡视检查

1. 隧道巡查内容

（1）地铁既有线路的巡视检查

① 结构开裂、剥落：包括裂缝宽度、深度、数量、走向、剥落体大小、发生位置、发展趋势。

② 结构渗水：包括渗漏水量、发生位置、发展趋势。

③ 道床结构开裂：包括裂缝宽度、深度、数量、走向、发生位置、发展趋势。

④ 变形缝开合及错台：包括变形缝的扩展和闭合大小、变形缝处结构有无错开、位置、发展趋势等。

⑤ 其他有关内容。

（2）监测设施的巡视检查

① 基准点、监测点完好状况；

② 监测元件的完好及保护情况；

③ 有无影响观测工作的障碍物。

2. 隧道巡查方法

巡检前应先了解近期监测数据以及施工工况。我方在日常监测中完成，巡视员在巡检过程中发现的现场问题应立即告知施工方现场相关负责人，并要求其尽快整改。

巡视检查以目测为主，可辅以锤、钎、量尺、放大镜等工器具以及摄像、摄影等设备进行。

对自然条件、施工工况、周边环境、监测设施等的巡视检查情况应做好记录。检查记录应及时整理，并与仪器监测数据进行综合分析。

3. 隧道巡视检查、检测实施方案

（1）隧道渗漏

1）渗漏病害定义及分类

根据隧道内渗漏量及渗漏物等形式将渗漏病害分为湿迹、渗水、滴漏、漏泥砂。隧道渗漏病害定义及分类如表 6.5-3 所示。

隧道渗漏病害定义及分类　　　　　　　　表 6.5-3

序号	病害	定义	渗漏路径	备注
1	湿迹	隧道管片内表面存在明显色泽变化的潮湿斑	管片接缝、注浆孔、螺栓孔、管片裂缝、破损处等	
2	渗水	水渗入管片，导致管片内表面水分浸润		
3	滴漏	水量达到一定程度时，从管片壁滴落		
4	漏泥砂	因渗水通道扩大或防水失效，渗水量增加同时夹带泥砂		

2）评判标准

湿迹：湿迹现象指水分蒸发速度快于渗入量，用干手触摸有潮湿感，但无水分浸润感，在隧道内常规通风条件下，潮湿现象可能会消失，管片腰部以上区域无法用手触摸，仅能依靠目测判断。

渗水：渗水现象在加强人工通风的条件下也不会消失，用干手触摸，明显沾有水分，如用废报纸贴于渗水处，废纸将会被浸湿变色，对于腰部以上区域，可通过灯光照射，有无反光，辅助判断是否为渗水。某些情况下，病害可能介于湿迹与渗水之间，较难区别，此时应多种检查方法并用，只要一种检查结果为渗水，则应按不利原则考虑归为渗水病害。

滴漏：滴水现象与其他渗漏水病害较容易区分，但由于滴漏速度有快慢，当检查速度较快时，容易漏检。在检查过程中，可注意道床表面是否有水迹或少量积水，如存在，极有可能是隧道顶部滴漏的结果。

漏泥砂：漏泥现象较易判断，通常漏泥时，渗水量相对较大，且夹带新鲜泥砂，导致渗出物浑浊。

3）现场调查记录模板

隧道渗漏记录标识如表 6.5-4 所示。

隧道渗漏记录标识

表 6.5-4

病害		标志符号	表观描述	符号说明及记录要求
渗漏水	湿迹		水分蒸发速度快于渗入量，有超湿感但不明显浸湿纸张	虚线填充的闭合曲线；曲线边界依据实际湿迹分布确定
	渗水		表面沾有水分，能浸湿纸张	斜线填充的闭合曲线；曲线边界由实际渗水分布确定
	滴漏	6	持续滴水，较大时形成线流	数字为每分钟滴水次数： (1) 小于 1 滴/min 时，记"<1"； (2) 大于 60 滴/min 时，记"∞"
	漏泥		渗水量增加，同时夹带泥砂	点及小三角填充的闭合曲线；曲线边界依据实际漏泥边界确定

4）内业资料整理

通过现场调查，记录隧道渗漏情况，并最终形成隧道渗漏调查报告，报告需详细记录渗漏位置、渗漏量及现场影像资料等。隧道渗漏调查报告如图 6.5-9 所示。

图 6.5-9　隧道渗漏调查报告模板

189

（2）管片损伤

1）管片损伤定义及分类

管片损伤定义及分类如表 6.5-5 所示。

管片损伤定义及分类   表 6. 5-5

序号	病害	定义	备注
1	裂缝	表层混凝土开裂	
2	缺角	管片端部混凝土缺失	
3	缺损	管片纵缝两侧混凝土片状缺失	

2）评判标准

管片损伤病害较为直观，管片裂缝与缺角主要通过目测进行检查。管片裂缝通常表现为颜色略深于管片内表面本色的细缝。管片缺角部位因表层混凝土缺失，缺角颜色同样会深于管片表面本色。

3）裂缝长度、宽度量测

① 测试仪器

裂缝宽度采用 SW-LF3 裂缝测宽仪实时观测，长度采用钢卷尺量测。

② 测试方法

隧道内裂缝观测主要为裂缝长度和宽度观测，长度观测直接采用钢卷尺量测，宽度采用裂缝测宽仪进行精密测量，具体方法为：针对隧道内发现裂缝处单条裂缝选取 2～3 个典型断面先编号再量测并拍摄影响资料。管片裂缝观测示意图如图 6.5-10 所示。

图 6.5-10 管片裂缝观测示意图

4）现场调查记录模板

隧道损伤记录标识如表 6.5-6 所示。

隧道损伤记录标识　　　　　　　　　　表 6.5-6

病害		标志符号	表观描述	符号说明及记录要点
管片损伤	裂缝	 ∫	结构开裂	描绘以裂缝实际线行； 宽度可测量时应备注宽度
	缺角	 ◣	结构端部混凝土缺失	描绘现实缺角形状，实心填充； 管片缺角深度可量测时，同样予以备注
	缺损	 ✕✕✕	结构纵缝两侧 混凝土片状缺失	直线段代表发生缺损的纵缝段

5）内业资料整理

通过现场调查，记录隧道损伤情况，并最终形成隧道损伤调查报告，报告需详细记录损伤位置及现场影像资料等。隧道渗漏调查报告模板如表 6.5-7 所示。

隧道渗漏调查报告模板　　　　　　　　表 6.5-7

管片环号	编号	宽度/mm	走向	照片
189	①XHBKL-LF-R189-001	0.19	纵向裂缝	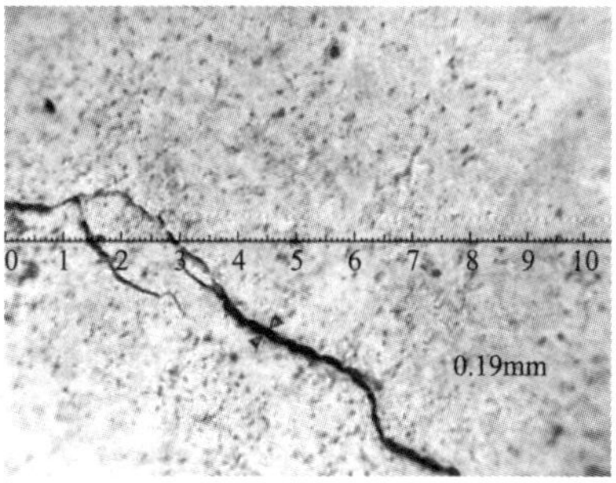

（3）管片错台

1）管片错台定义

管片错台定义如表 6.5-8 所示。

管片错台定义　　　　　　　　　　　表 6.5-8

渗漏病害	定义	备注
管片错台	管片间在环面或纵向接触面内发生相对错动的现象	

2）评判标准

根据地铁盾构隧道纵向变形分析，当错台量超过 4～9mm 时，将会影响止水条防水性能。为提高检查效率，当错台量小于 4mm 时，将不予记录。

3）观测方法及记录

管片错台初步判断通过目测进行，对疑似处可通过手触确认，也可将探照灯平贴于管片朝疑似错台处照明，如存在错台现象，则光束在错台处会出现明显的明暗对比。错台量可通过钢尺进行量测。管片错台记录标识如表 6.5-9 所示。

管片错台记录标识　　　　　　　　　　　　表 6.5-9

病害	表观描述	标志符号	符号说明	记录要点
管片错台	相邻环在垂直于隧道轴线的平面内发生相对位移，或单环内相邻管片沿径向产生相对移动	6 |	短直线与错台处接缝垂直交叉，数字表示错台量	数字记录于向隧道内突出的一侧

4）内业资料整理

通过现场调查，记录隧道管片错台情况，并最终形成隧道错台调查报告，报告需详细记录错台位置及现场影像资料等。管片错台调查报告模板如图 6.5-11 所示。

图 6.5-11　管片错台调查报告模板

（4）管片接缝张开

1）管片接缝张开定义

管片接缝张开定义如表 6.5-10 所示。

<table>
<tr><td colspan="3" align="center">管片接缝张开定义</td><td align="right">表 6.5-10</td></tr>
</table>

病害	定义	备注
管片接缝张开	顶部纵缝两侧管片未密贴，局部应力集中，出现倒 V 形空隙，即接缝张开	

2）现场调查及记录模板

应明确管片张开所在接缝，如张开处可目测出螺栓，应在备注栏予以明确说明。

管片接缝张开初步判断通过目测进行，对于张开幅度较大处，灯光照射后能发现螺栓。具体接缝张开大小，需采用登高车实地量测。目前，接缝张开基本发生在顶部纵缝位置。管片接缝张开记录模板如表 6.5-11 所示。

管片接缝张开记录模板　　　　　　　　表 6.5-11

病害	标志符号	表观描述	记录要点
管片接缝张开	∧	环向相邻管片相对张开，幅度较大处灯光照射后发现螺栓	倒 V 形，代表管片张开

3）内业资料整理

通过现场调查，记录隧道管片接缝张开情况，并最终形成隧道管片接缝张开调查报告，报告需详细记录张开位置及现场影像资料等。管片接缝张开调查报告模板如图 6.5-12 所示。

图 6.5-12　管片接缝张开调查报告模板

（5）道床脱空

1）道床脱空定义

道床脱空定义如表 6.5-12 所示。

道床脱空定义   表 6.5-12

病害	定义	备注
道床脱空	道床与管片间存在间隙，纵向上明显存在	

2）现场调查及记录模板

对于整体式道床，由于两侧排水沟混凝土浇筑后于轨枕区域道床混凝土，管片脱开通常表现为两种形式，包括：排水沟混凝土与管片脱开以及轨枕区域道床与管片脱开。

道床与管片脱开检查应明确脱开位置。在脱开现象较为明显区域，道床混凝土可能会出现横向裂缝，对于此类情况，应在备注栏予以说明，必要时拍摄影像。道床脱空记录模板如表 6.5-13 所示。

道床脱空记录模板   表 6.5-13

病害	标志符号	表观描述	记录要求
道床与管片脱开	⌣	整体道床与结构脱开，幅度较大处可插入硬卡片	标志记录于道床与管片连接处

3）内业资料整理

通过现场调查，记录隧道道床脱空情况，并最终形成隧道道床脱空调查报告，报告需详细记录脱空位置及现场影像资料等。道床脱空调查报告模板如图 6.5-13 所示。

图 6.5-13 道床脱空调查报告模板

6.5.4　监测复核实施

1. 监测复核内容及要求

（1）轨道交通设施保护区监测复核是对保护区监测基准点、监测点进行复测，具体内容如下：

① 测点验收；

② 监测基准控制网（高程、平面控制网）；

③ 沉降监测（道床竖向位移等）；

④ 收敛监测（水平收敛）；

⑤ 位移监测（道床水平位移）。

（2）为便于监测数据的统一分析，各监测项目正负号建议遵循以下规定：

① 隧道收敛变形以增加为正；

② 道床沉降变形以隆起为正；

③ 水平位移变形以朝向基坑变形为正。

（3）监测点埋设并稳定后，应至少连续独立进行三次观测，符合相关规范及标准要求的限差后，取其平均值作为初始值，高程控制网是长期运营监测单位与设施保护监测单位各观测一次，对比数据在限差范围内的，可作为基准网的初始值。如对比数据超出限差范围的，需重新测量。各监测项目应至少在工程施工开始前一周测得初始值。

（4）按照监测频率对保护区所有基准点进行复核（高程控制网），人工复核包括道床竖向位移和隧道水平收敛。

（5）长期运营监测复核工作在对比数据分析时，人工监测复核数据对比地保项目单位的人工监测数据。

2. 监测对象及监测精度

保护区监测复核工作实施前应将复核工作涉及测量仪器、设备等工器具登记报备至运营单位，相关仪器或设备按照国家相关文件、规范要求定期鉴定，并在标定合格的有效期内使用，保证所有的仪器或设备的型号、数量、精度、测量系统误差等参数满足各项要求，并应不低于轨道交通设施保护监测项目使用测量仪器的精度。轨道交通设施保护区监测复核项目、仪器及标称精度如表 6.5-14 所示。

轨道交通设施保护区监测复核项目、仪器及标称精度　　　　表 6.5-14

类别	序号	复核项目	监测仪器	标称精度
轨道交通设施保护区监测	1	沉降监测（道床沉降及两轨差异沉降监测、联络通道处差异沉降）	电子水准仪/铟瓦水准标尺	±0.3mm/km
	2	收敛监测（水平收敛）	手持激光测距仪	±1.0mm

类别	序号	复核项目	监测仪器	标称精度
轨道交通设施保护区监测	3	监测基准控制网（高程控制网）	电子水准仪/钢瓦水准标尺	±0.3mm/km
	4	水平位移监测、水平位移控制网	全站仪/徕卡 TM50	±0.5″

3. 监测频率及周期

保护区监测复核工作在保护区施工前会同保护区监测单位，对所有监测项目进行初始值采集（至少两遍），保护区监测满足停测要求后，在停测之前需会同保护区监测单位对所有监测项目进行测设，以便确认测点的完好性及监测数据的连贯性，确保保护区监测单位数据的准确可靠性。

保护区施工过程中如遇保护区监测数据异常或监测数据报警、超控制值等情况，需根据地铁运营管理部门要求，进行相关内容的复核。地铁设施保护区监测复核频率周期如表 6.5-15 所示。

地铁设施保护区监测复核频率周期 表 6.5-15

等级	监测频率	复测项目	备注
轨道交通安全保护等级为 A 级	3 月/次	监测基准控制网（高程控制网、平面控制网）、道床竖向位移、道床水平位移监测、隧道水平收敛、其他测项（如果有）	1. 施工前应首先会同保护区监测单位对各监测项目的监测点埋设进行验收，验收通过后即可同保护区监测单位同时进行初始值采集工作。 2. 当设施保护监测数据出现异常或达到预警、报警及超控制值时，长期变形监测单位应根据运营单位要求进行加密复核，确保施工过程中监测数据的准确、可靠。 3. 所有监测项目进行一次最终监测复核，并出具相应变形报告，综合分析变形原因

6.6 本章小结

本章介绍了一套安全监测及信息化系统。系统架构依次可分为应用层、服务层以及数据层，各层级之间进行数据的交换、互通，实现了各个功能模块之间的数据联动，使系统平台具备较强的功能扩展性。在监测硬件系统基础上开发了信息化系统，实现作业全过程实时监测及预警功能。